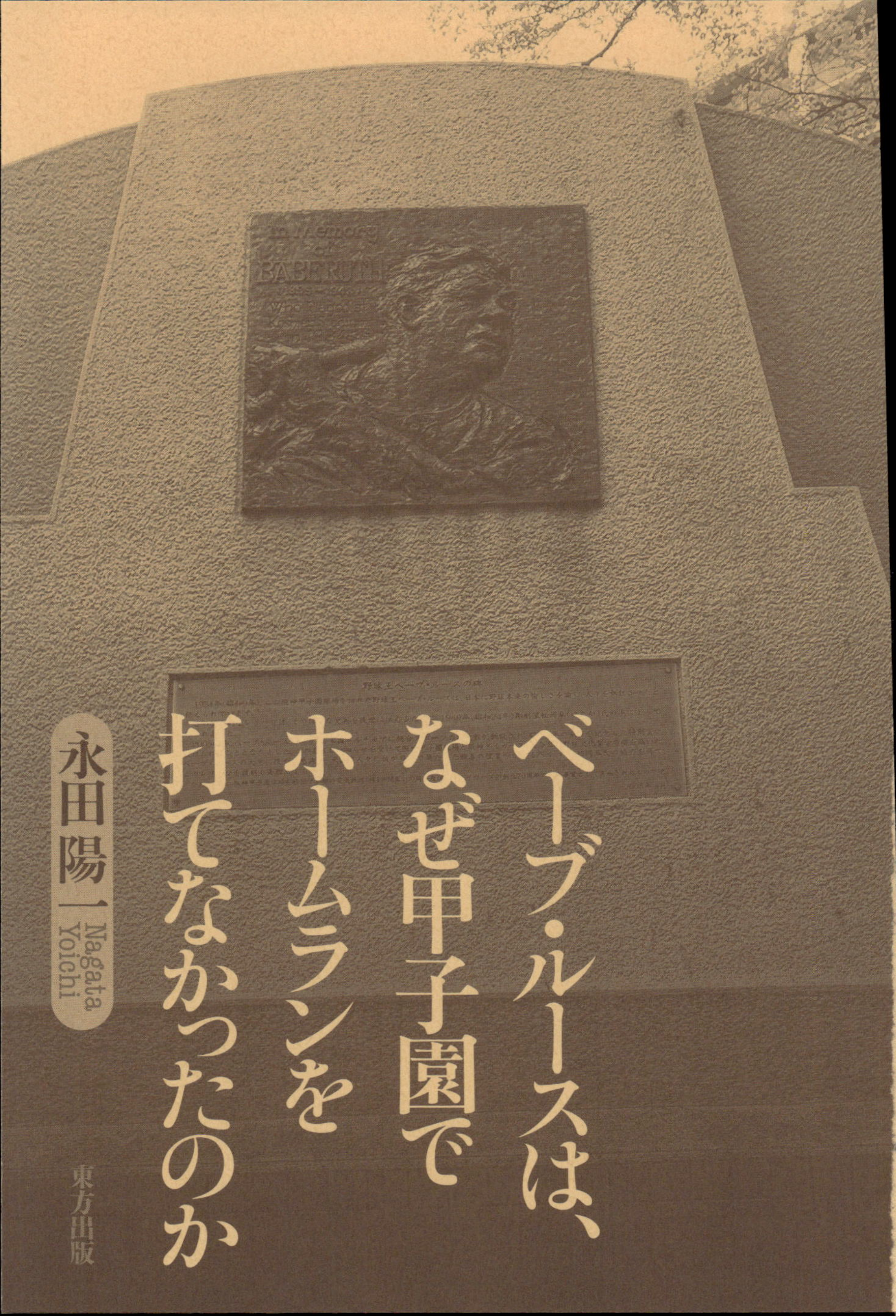

ベーブ・ルースは、なぜ甲子園でホームランを打てなかったのか

永田陽一 Nagata Yoichi

東方出版

●目次

ベーブ・ルースは、なぜ甲子園でホームランを打てなかったのか

日本初の野球リーグ、日本初の有料試合

「京浜野球同盟」結成へ

横浜は外国に開かれた港町。ＤｅＮＡベイスターズの本拠球場・横浜スタジアムの場所は、明治期から日本野球の主要舞台の一つだった。そこは日本人を排斥していた外国人居留地にあり、１８７６年、当時、彼我公園と呼ばれた地にクリケット場ができた。この公園が日本に返還され、横浜市がクリケット場を廃止して野球場を新設したのは１９０９年のことだった。

その2年前にさかのぼる。１９０７年9月22日午後のことだった。その公園にある二階建てクラブハウスに野球界の主だった面々が次々と集まって来た。早稲田からは運動部長・安部磯雄とキャプテンに就任したばかりの山脇正治。横浜商業の二選手、広岡幸之助と山田七郎、ＹＣ＆ＡＣ（Yokohama Cricket and Athletic Club）のキャプテン、リーロイ・Ｅ・マクチェスニー（Leroy E. McChesney）と主戦投手Ｈ・Ｌ・フライ（Frey）。遅れてやってきたのは学習院の野球部長・服部他助と、卒業生で野球審判として活躍し陸上選手でも知られる三島弥彦である。強豪の一高（第一高等学校）からの出席がなかったのは、この日の会合の連絡が届いてな

明治後期の横浜公園。正面の建物が協議会が開かれたクラブハウス（1902年頃建設された）。「パビリオン」とも呼ばれた（横浜開港資料館所蔵）

かったからだ。

新聞が、「二十二日の相談がどう纏まるか不調に終わるかは知らぬが実に此の日が日本野球界の盛衰をトすべき日である」（『中央新聞』9月18日）とまで言うほど球界にとって重要な会議だった。野球界の有力校の代表が一堂に会したのはいったい何のためだったのか。

実はこの日、日本にはじめての野球リーグ「京浜野球同盟」を結成するための第1回協議会が開かれたのである。すでに同年7月ごろから野球同盟という名称ではないが、「野球協会設立の噂」が球界に流布していた。今回のリーグ提唱者は日本人ではなかった。YC&ACのキャプテン、マクチェスニーがその呼びかけ人だった。

YC&ACは1868年クリケットクラブ（YCC）として誕生、1884年フットボールや野球など4つのクラブと一緒になり新たに出発した横浜居留地の外国人スポーツクラブである。日本の新聞や雑誌ではこのチームを「横浜アマチュア倶楽部」や「横浜外人」と記すことが多いが、正確には「ＹＣ＆ＡＣ」である。１８９６年5月、ＹＣ＆ＡＣが一高の挑戦を受けて敗れた試合は、日本チームがアメリカを破った一大快挙として全国に知れ渡った。

早稲田は１９０４年、「天下の四豪」と称された学習院、一高、慶応、ＹＣ＆ＡＣに全勝し、翌年、日本の野球チームとしてはじめて米国遠征を実現した。つまり、ＹＣ＆ＡＣは一高、学習院、早稲田、慶応とともに当時の日本球界トップレベルにあった。というよりも、１８９６年の一高戦以来、日本野球の興隆期に大学チームを鍛え上げた実績があるのだ。マクチェスニーの野球界でのリーダーシップの原点はそこにあったと思われる。

YC&AC キャプテン、リーロイ・E・マクチェスニー（Michael M. McChesney 氏提供）

マクチェスニーはアメリカ貿易会社に勤める31歳。元々はアーカンソー州生まれ、サンフランシスコ出身。スタンフォード大学で学び、１８９７年6月仕事を求めて来日した。横浜では長年ＹＣ＆ＡＣの中核となって活躍したベテラン選手であるばかりか、オーケストラや演劇分野でもリーダー的存在だった。１９０９年ニューヨークに転勤となった後、同貿易会社の副社長に就任した。

彼は「一のリーグを起さんと主唱し」（『東京朝日新聞』7月2日）、慶応や早稲田など主な大学野球部と交渉を重ねてきた。球界は諸手を挙げて、マクチェスニーの提案を歓迎した。たとえば、『読売新聞』（10月1日）は、「吾人は此同盟の成立を以て吾野球界に一新生面を開きたるものとして衷心より歓喜す」と新リーグ設立に大きな期待を寄せている。

この日の第1回協議会で、つぎのリーグ戦スケジュールが決まった。

9月24日　横浜商業対早稲田（1回戦）
9月28日　早稲田対YC&AC（1回戦）
10月5日午後　早稲田対YC&AC（2回戦）　戸塚球場
10月24日または25日　横浜商業対早稲田（2回戦）横浜公園
その他、横浜商業対YC&ACは随時対戦する。
（『東京二六新聞』10月3日）

さらに1週間後の9月29日午前10時、第2回協議会が同じクラブハウスで開かれた。YC&ACのマクチェスニーをはじめ早稲田の安部、学習院の三島、横浜商業の広岡と山田という第1回出席者に加え、今回は一高の加福均三と戸田保忠も参加し、合計7名により日本初の野球リーグの誕生が宣せられた。『早稲田大学野球部史』も「本邦野球界にリーグの現われたのは此時を初めとする」と記す。

第2回協議会でのリーグ運営に関する決定事項はつぎのとおり。

①1年を春期シーズンと秋期シーズンに分け、1年目を1907年9月～1908年6月の10か月とする。
②各チームはみずから選んだ期やシーズンで競技することができる。春秋2期両方に参加することもできる。一高は1907年秋期は参加せず、1908年春期シーズンに競技する。
③毎年度専任幹事および会計掛を置く。初年度はマクチェスニーが就任。
④各チーム2名の代表者からなる委員会を設置する。
⑤試合球は日本製を使用する。

また、以下の1907年秋期リーグ戦スケジュールを、第1回協議会での決定分に追加した。

10月12日、学習院対YC&AC　横浜公園
10月12日～17日の期間内に横浜商業対学習院またはYC&AC
早稲田対学習院3試合を両チームの都合の良い日に行う

（『読売新聞』、『日本』10月1日、『東京二六新聞』10月3日など）

慶応は加わらず

しかし、京浜野球同盟は、一つ大きな問題を抱えていた。YC&AC、早稲田、一高、学習院、横浜商業の5チームは加盟したが、抜け落ちたチームがあった。「球界の大立物たる慶応は同

盟に加はらざる者の如し、此の事果して事実とすれば此同盟の為めには悲しむべき事たると同時に一般野球界発展の為めにも亦大打撃たるなり、されば此際義理にも慶応義塾をして該同盟の加入者たらしめ同盟の実を挙げしむるは吾も人も共に切望して止まざる所なり」（『読売新聞』10月1日）

日本の野球界は、すでに一高天下は終わりを告げ、代わって台頭した早稲田、慶応、学習院など有力校が鎬を削る新たな時代に突入していた。1903年11月に始まった早慶戦は満天下の注目カードとなったが、早稲田の米国遠征後、両校の対抗意識は激しくなり、ついに1906年秋季、1勝1敗後の3回戦（10月11日予定）が応援の過熱から中止となった。初対戦からわずか4年間9試合、早稲田の5勝4敗の成績を残し、早慶戦は突如消えてしまった。1907年9月にマクチェスニーを中心に動き出した野球リーグ構想は、野球界にポッカリ開いたこの空洞に危機感を覚え、日本の野球発展を見据えて早慶戦復活を期する一つの試みだったのである。

早慶和解のもくろみははずれた。慶応が京浜野球同盟への加盟に難色を示したからだ。実際、マクチェスニーは慶応に書簡を送り、話し合いを重ね、リーグに参加するよう説得し続けた。これに対し慶応はリーグ結成に賛成としながらも加盟に条件を付けてきたのである。慶応マネージャーの鷲津与四二が『読売新聞』に語ったところによると、たとえ同盟に加盟しても「早稲田とは競技せず」との決議を今更撤回できないとしたのだった。

問題の1906年秋季早慶3回戦中止から2日後（10月13日）、慶応は三田綱町球場で学生大会を開き、早稲田野球部との事実上の決別決議案を採択している。当時の慶応応援隊長・谷井一作は『慶応義塾野球部史』につぎのように寄稿している。「私達は学生大会を開き、その席上で、未来永劫、早稲田とは全ゆるスポーツにわたって戦わないことを決議した」。この決議が京浜同盟参加への障碍になっていると鷲津は言うのだ。

慶応が、9月27日、条件付きでマクチェスニーに加盟申請を済ませたという報道もある。しかし、その2日後に開催された第2回協議会は、条件付きはリーグの趣旨に反するとして慶応の加盟を承認しなかった。そのうえで協議会は慶応の決議文の撤廃を促し、「慶応チームが同盟に加入せざるは野球界の為め甚だ悲しむべき事に属す、依つて本同盟は一時も早く慶応チームの加入せんことを切望す」（『日本』10月1日）と宣した。

結局、日本初の野球リーグは強豪慶応抜きで見切り発車したのである。

明治野球史に造詣が深い作家横田順彌によると、早慶戦復活に向けて、1906年暮れ、東京運動記者倶楽部はすでに、「早慶戦の中止が、わが国のスポーツの発展を阻害することになってはいけない」と両校の仲介工作に乗り出したが、これも慶応の頑迷な拒否により失敗に終わっていた（『早慶戦の謎』）。

野球界の風は慶応に翻意を強く訴えた。

其所謂宣言書なるものが、今日に於て果して幾何の社会的価値ありと信ずるか。天下千万の野球家が、口に筆に時を選ばず、処を嫌はず、早慶試合再興を喋々し、熱望して止まざる所以のものを見よ。今や、野球家が尽すべき本務は、天下に示すに真の運動家の度量と、態度とを以てして、極力之を盛んならしむべきことならずや。此時にあたり、野球同盟の成立の如き、是最も時宜に適したるもの也。仮令些少の異議ありとも、進んで之に投じ、且つ早慶試合再興てふ天下の懇望を充たすべき好機会を逸すべからざる也（「島国的根性を排す」）

ちなみに、慶応のあまりの頑なな態度に対して怒った早稲田も1911年12月19日、慶応との絶縁決議書を新聞・雑誌に公表した（『早慶戦の謎』）。

日本初のリーグ戦

1907年9月24日、日本初の野球リーグ「京浜野球同盟」は、第1回協議会で決まったスケジュールに従って、早稲田対横浜商業戦で幕を開けた。この試合は、野球同盟の正式な発足を宣言した第2回協議会の前に行われたものだが、リーグ戦としてカウントされている。

曇り空の早稲田・戸塚球場への見物人の出足はよかった。リーグ発足の開幕戦といっても、特別のセレモニーがあったわけではない。午後2時試合開始。新陣容の早稲田は三塁手の獅子内謹一郎がプレートに立ち、得意のドロップで内野ゴロを積み上げ、奪三振9（10とする新聞もあり）、安打なし、四球なし、死球1の堂々たるピッチングで、横浜商業に9－0で完勝。

ノーヒットノーランという記録はリーグ誕生に花を添えた。

早稲田対YC&ACはリーグ戦3試合を戦った。横浜公園グラウンドでの1回戦（9月28日）で、YC&ACは本塁打2本、三塁打1本を含む長打力にものを言わせ早稲田を下した（10－2）。雪辱に燃える早稲田は戸塚球場での2回戦（10月5日）に、すでに7月に卒業し研究科に進んでいた河野安通志投手、森本繁雄一塁手、押川清中堅手のベテラン三人を急遽ラインナップに引きもどした陣容で臨み大勝（12－1）、対戦成績を1勝1敗のタイとした。

10月12日午後3時、ふたたび横浜公園グラウンドで3回戦を迎えた。秋空高く晴れ渡り、風もなく寒からず暑からず、文字通りの野球日和に恵まれた。

深紅のセーターに薄紅の霜降りユニフォームに身を包んだ早稲田選手は、試合開始は午後というのに午前中早々からグラウンドに姿を見せ、バッティング練習に熱心に取り組んでいた。しかし試合開始予定の3時を回っても、肝腎の対戦相手YC&ACは現れず、ようやく新調のブルーのユニフォーム姿のマクチェスニーら9選手がグラウンドに姿を見せたときには、3時半を過ぎていた。

先攻の早稲田、先発投手フライに対し2回に安打2本で攻めたが無得点に終わった。先制点はYC&ACに入った。3回、1安打ながら早稲田のまずい守備が手伝い、まず2点を先取。その2点を追う早稲田だったが、3回からの4イニングは、絶好調のフライに手玉に取られ、1安打に牛耳られた。

早稲田にようやくチャンスが巡って来たのは7回だった。2死二塁から森本繁雄が二塁越えタイムリーで1点を返した。さらに勢いづいた早稲田は続く8回、一、三塁のチャンスに三塁走者田部信秀がホームスチールを敢行し同点。さらに押川の適時打で河野が生還、3－2と逆転に成功した。完投の河野が8、9回のYC&ACの反撃を許さず、厳しい接戦に早稲田が逆転で勝利をつかんだ。

					点	安	失
早稲田	000	000	120	—	3	9	5
YC&AC	002	000	000	—	2	2	1

（早稲田）河野—山脇　（YC&AC）フライ—ミラー

安打数については各新聞で異なる。ここには『萬朝報』の数字を挙げた。

定説と異なる日本最初の有料試合

決戦となったこの一戦。「兎に角に力瘤の入いつた見物人に気を揉ませた近来稀れに見る面白い試合であつた」（『国民新聞』10月14日）。数百人の早稲田の学生に加えて、早稲田の応援に詰めかけた一般ファンにとってはやきもきの連続だった。しかし注目すべきはそのファンが、この日は入場料20銭を徴収されたことだ。

当日は戦場の静粛を保ち且つ野次馬の跳梁を防ぐ為に特に入場者より二十銭づ、の観覧料

を徴収したり（『東京毎日新聞』10月13日）

此日始《ママ》めて場内整理の為め入場料二十銭を来観者より徴収したる（『時事新報』10月13日）

当日は前回の大群集《ママ》に懲りて倶楽部外のものは二十銭の入場料を取る事にしたので割合に場内雑沓せず秩序整然として居つたのは先づ気持良かつた（『国民新聞』10月14日）

またもや大勢の日本人見物客が詰めかけたが、クラブ（YC&AC）はこれまでの経験からグラウンドへの入場料を課した。これによって観戦者を無理なく所定の柵内にとどめることができた（『ジャパン・ウィークリー・メール』10月19日）

当時、東京と横浜で発行されていた日刊19紙（英字2紙を含む）を調べたが、そのうち11紙がこの試合（3回戦）を報じている。新聞がまだ野球を扱わないことが珍しくなかった頃のことである。「入場料徴収」に触れたのは、そのうち前記4紙のみ。

『国民新聞』にある「前回」とは、横浜公園グラウンドでの1回戦（9月28日）を指す。では、その1回戦に何があったのだろうか。日本語の新聞各紙にはその日の観衆についての記述は一切見られない。しかし、英字紙『ジャパン・ウィークリー・メール』（10月5日）は、その日の観客をつぎのように批判した。「フィールド上はすばらしかった。残念なのは日本の学生・生徒が群衆になると、行動マナーという点で日本の伝統から逸脱することだ。土曜日の試合、かれらはまったくコントロールできず、プレーに非常に邪魔になる場所に入り込んだ。ものの道理がわかっていない。日本の教育カリキュラムから他人への『敬意』と配慮が抜け落ちている」

1908年頃のYC & AC野球チーム。後列左端がキャプテンのマクチェスニー。横浜公園のクラブハウス前で（Michael M. McChesney氏提供）

観客のマナー違反が、具体的にはどの程度のものだったかは不明だが、日本の教育のあり方まで話を持ってこざるをえないほどひどかったというのだ。

ところでこの早稲田対YC&AC3回戦は間違いなく日本野球史上はじめて観客から入場料を取った有料試合であった。

これまで、日本初の有料試合は、同年秋、慶応がハワイから招聘したセントルイス・カレッジの日本での第1戦、1907年10月31日、綱町グラウンドで、慶応がセントルイスを5－3で破った試合とされてきた。たとえば、『慶応義塾野球部史』はつぎのように述べている。「茲に最も特筆すべきことは、このセントルイス大学を招待した慶応が、その費用を得るために入場料を徴収し、その入場料を前売りしたことであって、明治四十年十月三十一日は外人チーム来襲の第一日であると同時に、わが国で野球に入場料を徴収した最初の日である」。ちなみに、この日の入場料は1等席60銭・1500人、2等席30銭・2500人、3等席10銭・6500

人と3クラスに分かれていた（『時事新報』10月26日）。

日本への野球伝来を１８７２年と位置づけるなど、日本野球史研究の骨格をつくった斎藤三郎も、セントルイス対慶応戦を日本で入場料を徴収した最初の試合としている（「野球文献史話13」）。

早慶両校が火花を散らすライバル関係の中で、慶応は海外遠征で早稲田に後れをとったが、セントルイス・カレッジの来日によって外国チーム招聘の先鞭をつけた。有料試合でも一番乗りだとの自負がある。しかし実はその19日前、日本初の有料野球試合が横浜で行われていたのだった。しかも、その目的は定説で言われているような招聘チームの旅費捻出にではなく、有料にすることで入場者を制限し、場内の混雑混乱を防ぐための措置にあった。はじめての有料試合は日本の野球史にとって、スポーツの興行化に一歩を踏み出した特筆すべき出来事と理解されよう。

これで定説は覆ったわけだが、一方の当事者早稲田の『野球部史』（１９２５年）にも、「本邦に於いて野球試合に入場料を徴したのは、慶応対ハワイ・セントルイス第一回試合を以て最初とする」と明記してしまっているのは、どうしたことだろうか。

さらに注目すべきは、「定説：慶応対セントルイス戦」が有料試合の2試合目ですらなかったという事実だ。10月18日、ＹＣ＆ＡＣは神戸から好敵手ＫＲ＆ＡＣ（Kobe Regatta and Athletic Club）を、横浜公園グラウンドに迎えた。両者は在日外国人スポーツ界を二分する東西の雄、野球でも激しく競い合っていた。神戸が2－1でYC&ACに競り勝ったこの試合を報じた新聞記事は以下のとおり。

此日も場内整理の為め一人二十銭宛の入場料を徴収せしかば場内整々一糸紊れず（『時事新報』10月19日）

当日は会員外は総て入場料を徴収したる事とて普通の見物人甚だ少なく多くは外国紳士貴婦人令嬢等にして婦人連は黄声を張上げて盛なる応援を為したり（『萬朝報』10月19日）

十八日の場内は例に依つて入場料を徴したれば秩序整然（『国民新聞』10月20日）

この試合でも、入場料徴収の所期の目的「場内整理」は成功したのだった。

在留外国人チーム同士の対戦は3連戦で行われた。翌19日のダブルヘッダー（第2、3戦）が有料試合だったと報じる新聞記事は見つからない。しかし、有料とわかる早稲田戦とKR&AC戦という2試合は、いずれも横浜公園グラウンドで、YC&ACのホームゲームとして行われている。このことから入場料徴収はYC&ACのアイデアだったと思われる。

京浜野球同盟1年目の試合結果と順位

さて、その後、日本初の野球リーグ「京浜野球同盟」はどのような運命をたどったのだろうか。すでに見たように京浜野球同盟1年目秋期シーズンは4チームが参加した。残念ながら、リーグ戦の試合数、勝敗などのまとまった記述は新聞にも雑誌にも見当たらない。そこで新聞各紙や各校の野球部史などから1試合ずつ拾ってみると、リーグ戦は合計10試合が行われたことが確認できる。その試合結果から、順位表を作ると、早稲田が日本初の野球リーグの初シーズンに優勝を飾ったことがわかる。『早稲田大学野球部史』は1907年の項で「京浜野球同盟」に触れている。「早大は其の第一回である明治四十年秋期戦に優勝したが、後ち横浜外人の没落、学習院の衰微等で永続する事が出来ず、一回のみで解散した」。チームによって試合数が異なっているのは、米国ニグロリーグがそうだったように、ルースなリーグ組織だったことを物語っている。

当初のリーグ計画では、翌1908年春期（2シーズン目）には一高も参戦し5チームからなるリーグ戦が挙行されるはずだったが、京浜野球同盟は結果的に1秋期シーズンだけの短命に終わった。マクチェスニーのアイデアは慶応を巻き込む企てだったが、頑迷な慶応の加盟拒否により思惑通りとはいかなかった。

しかし、『早稲田大学野球部史』はYC&ACの日本球界への功績を讃えている。「横浜外人の活躍は此年を以て終りを告げた。かくして日本野球界開拓の援助者は、邦人チームの隆昌と共に姿を消したのであるが、心あるものは久しく日本球界に刺激を与え、其の発展を助けた同倶楽部の功労を忘れてはならない」

1907年秋期、京浜野球同盟のリーグ戦の結果

9月24日（火）午後2時　戸塚球場　早稲田　9－0　横浜商業

9月28日（土）午後3時　横浜公園　YC&AC　10－2　早稲田（1回戦）
10月5日（土）午後2時　戸塚球場　早稲田　12－1　YC&AC（2回戦）
10月12日（土）午後3時　横浜公園　早稲田　3－2　YC&AC（3回戦）
11月1日（金）午後3時40分　横浜公園　横浜商業　11－0　YC&AC
11月2日（土）午後2時　戸塚球場　学習院　8－7　早稲田（1回戦）
11月7日（木）午後　四谷学習院運動場　学習院　5－4　横浜商業
11月10日（日）午後　横浜公園　横浜商業　8－2　学習院
11月13日（水）午後　四谷学習院運動場　早稲田　5－2　学習院（2回戦）
11月30日（土）午後　四谷学習院運動場　早稲田　6－1　学習院（3回戦）

リーグ戦の順位

	試合数	勝	敗	勝率
早稲田	7	5	2	.714
横浜商	4	2	2	.500
学習院	5	2	3	.400
YC&AC	4	1	3	.250

日本初の野球リーグとして誕生した京浜野球同盟が不運だったのは、当初目論んでいた早慶

和解への展望が開けなかったことである。さらに時を同じくして初の外来チームとなったハワイのセントルイス・カレッジに球界がすっかり席巻されてしまった感があることだ。ハワイチームのその打棒と守備、快走ぶりはいまだ揺籃期にあった日本の野球界に大きな刺激を与えたからだ（『明治野球史』）。セントルイスが国内のチームより格段に強かったということである。早稲田対学習院の2回戦（11月13日）を伝える『国民新聞』（11月15日）。「布軍（ハワイのチーム）対早慶の試合を見たるものは第二流を見るに均しく活気変幻乏しき戦いなりき」

リーグ所属チームがこの1907年秋に対戦したリーグ外のチームは、セントルイスだけではない。米艦サプライのチームもやってきた。さきに述べたように、YC&ACにとってはライバルのKR&ACも上京してきた。新聞もにぎやかな球界に目を奪われ、地元チーム同士の京浜野球同盟リーグ戦となると紙面を割くことも少なくなったり、試合があったことさえ報じていないものもある。

京浜野球同盟の消滅から7年後（1914年）、明治が早慶の仲を取りもつ形で早稲田、慶応、明治の三大学リーグが誕生した。たった3チームによるリーグであるにもかかわらず、早慶両チーム間の対戦はないという変則リーグである。早稲田の初代監督で朝日新聞の記者だった飛田穂洲は「三大リーグと銘を打ちながら、早慶試合を行はなければ、有名無実の連盟であつて、従来と何等撰ぶところがない」と批判している（『週刊朝日』1928年11月4、18日）。

飛田は、それではリーグと呼べるしろものではないと言うのだ。また飛田が「かくの如きは入場料徴収の口実の下に組織されるリーグと誤解され、甚だ上策ではないと思ふ」とさらに批判しているように、この三大学リーグで面白いのは入場料（1等50銭、2等30銭、3等20銭）を徴収したことだ。その理由は、「野球そっちのけの彌次を締め出すこと、もうひとつが野球部、とくに明治の資金集めのためだった」（『早慶戦の謎』）。明治は米国遠征から帰ったばかりで活動資金に窮していた。これまで試合を有料にした目的は場内の整理、外来チームの旅費捻出だったが、メンバー大学の野球部運営費に充てるという目的が加わることになった。

慶応が早稲田と対戦しない条件を容認しなかった京浜野球同盟は1秋期シーズンで幕を下ろした。それに反し、早慶戦のない三大学変則リーグは法政、立教と漸次、加盟校を増やし、1925年秋の東京帝国大学の加盟をもって六大学リーグの誕生に至った。そして10月19日、早稲田の戸塚球場で19年の空白の後、満天下の野球ファンをうならせる早慶戦が復活したのである。

日系チーム来日第1号――布哇中学母国見学団とアンディ山城

日系初のマイナーリーガー

その家族に会ったのは２００９年春、ホノルル・ワイアラエのゴルフ場クラブハウスで開かれたファミリーリユニオンだった。そこにはハワイだけではなくアメリカ本土からも親戚がかけつけていた。その数、ざっと15名。ハワイ出身日系二世外野手、アンディ山城正義の息子、娘、孫たちの集まりだった。私は一家の長女エロイーズ・クラタとは、すでに東京で何度か顔を合わせていた。

アンディ山城（Andrew Masayoshi Yamashiro）は、１８９６年7月9日、ハワイ島スプレックスビルで、広島からの移民一世の父・山城松太郎の8男6女の次男として生まれた。のちに、山城一家はオアフ島ホノルルに移り、アンディはホノルルのミッドパシフィック・インスティチュート（高校）を卒業した。10歳の頃、オアフ島ホノルルの日系チーム「朝日」のボールボーイ役などのマスコットになり、野球場に出入りしていた。「朝日」は１９０５年に創られ、その後、ホノルルの日系人チームからの選りすぐりを集めた、いわば日系人のドリームチ

1916年ハワイから米国本土へ遠征した中国系チーム。前列右端が山城、左から３人目が中国系二世バック・ライ（The Yamashiro Family 提供）

ームとなり、戦前・戦後にわたり日本へ度々遠征し、日本プロ野球に数々の人材を送り出した。１９１０年に「朝日」に入団してからのアンディ山城は、スピードと長打力を誇る左打ちの外野手として名を売った。１９１５年にはホノルルで編成された「中国系ハワイ大学」という架空の大学を名乗った野球チームに加わり、アメリカ本土とキューバを巡ったことが記録に残されている。翌16年にも同チームのアメリカ本土遠征に参加している。遠征終了後は本土に残り、東部のいくつかのセミプロチームでプレーした。

アンディの球歴の中でも注目すべきは、アメリカのオーガナイズド・ベースボール（大リーグとマイナーリーグ）でプレーした最初の日系人であることだ。私は１９８０

年代半ばから、日米開戦前にアメリカのオーガナイズド・ベースボールに登場した日系アメリカ人選手をすべてリストアップするための作業に取り組んでいた。様々な情報に接したが、結果的に『リーチ野球年鑑』と『スポルディング野球年鑑』で裏取りできたのはアンディ山城とケンソウ主田、ジミー堀尾のマイナーリーガー３人だけだった。いずれもアメリカ本土ではなくハワイ生まれの二世である。大リーガーになった者は一人もいない。拙著『ベースボールの社会史』（東方出版、１９９４年）で３人を発表したが、もしや漏れている名前があるのではと思ったことも一度や二度ではない。しかし、それから25年が経過した今もって日米どちらからも３人以外の選手を誰一人見つけ出していない。

アンディ山城外野手のマイナーリーグの球歴は、つぎの３シーズンである。

【１】１９１７年ブルーリッジ・リーグ（Ｄクラス）所属ゲティスバーグ・ポニーズ

【２】１９１８年イースタン・リーグ（Ｂクラス）所属ブリッジポート・アメリカンズ

【３】１９１９年イースタン・リーグ（Ａクラスに変更）所属ハートフォード・セネターズ

	試合	打数	得点	安打	塁打	二塁打	三塁打	本塁打	犠打	盗塁	打率
【１】	90	３５７	57	１０４	１４１	19	5	3	5	–	.２９１
【２】	55	１９３	27	48	–	–	–	–	12	8	.２４９
【３】	19	75	13	19	24	3	1	0	3	3	.１７３

Reach Official American League Base Ball Guide, 1918-1920

面白いことに、山城はマイナーの3球団とも登録選手名を「アンディ・ヤマシロ」ではなく「アンディ・イム」(Andy Yim)でとおしていた。おそらく中国系チームの選手として巡業した時の選手名をそのまま継続使用したと推察される。

1918年ブリッジポート・アメリカンズのときは、ハワイ出身の中国系万能スポーツマン、ウィリアム・バック・ライ三塁手がチームメイトで、アジア系選手の存在がきわめて稀な時代だっただけに「二人の中国系選手」と大きな話題になった。山城はマイナーのあと、フィラデルフィアで働きながらセミプロに籍を置いていた。フィラデルフィアでは市内のテンプル大学に学んだとハワイの日系新聞に書かれていたので、2013年夏にフィラデルフィアでSABR(アメリカ野球学会)の年次総会に参加した折、テンプル大学を訪れ、在籍記録を調べたが見つからなかった。その後、テンプル大学ではなく、テンプル・プレップスクールのフットボールチームでプレーしたことが、アメリカ人研究者の手によって明らかにされている。

アメリカ本土からハワイに戻ると、父親・山城松太郎が経営するホノルル日本町ベレタニア街の山城ホテル(日本名「山城旅館」)の支配人となった。このホテルは、戦前期、日本からハワイに遠征する野球チームの定宿になっていた。たとえば1931年、法政大学が六大学で初優勝を飾り、はじめてハワイに遠征したときの宿舎も山城ホテルだった。法政遠征メンバーで、のちのプロ野球審判、島秀之助にアンディ山城について尋ねたことがある。島は「大きな人だった」と覚えていたが、その支配人が米国本土のプロ野球選手、しかも日系第1号だったとは知るはずもなかった。

山城はホテルの仕事の傍ら、ホノルル日本人リーグ会長、布哇《ハワイ》日本人体育協会会長など日系スポーツ界の重責を担いながら、36歳の時に政界に打って出た。１９３０年に民主党から立候補し日系人初のハワイ準州下院議員に当選した（このときハワイ島の岡多作も同時に当選）。ハワイでは野球で名を上げた日系人選手が政界に進出する例が少なくない。日系人の地位向上のためには日系人自らの代表を議会に送り出す必要があったからであり、砂糖プランテーションで働く移民たちがそれぞれの民族グループを母体として成長発展させてきたハワイの野球が、とりわけ日本人移民社会に深く根ざしていたこと、野球のヒーローは移民社会でもよく知られていたことによる。アンディは32年にも再選された。政界入りした日系人のパイオニアである山城はその後、共和党に鞍替えしたが、依然としてハワイ球界の重鎮であり、相変わらず日系人社会での中心人物の一人であった。

アンディ山城。1930年頃
（The Yamashiro Family 提供）

しかし真珠湾攻撃の年の7月24日、山城はホノルルで帰らぬ人となった。亡くなる前には食道ガン胃潰瘍の治療のため来日していた。そのとき一緒にやってきた長女エロイーズは1年間広島の小学校に通ったと話してくれた。45年の短い人生で終わったアンディ山城だったが、

1926年には朝日に補強3選手を加えたハワイ・オールスターズの監督としても来日（42戦30勝9敗3分）するなどたびたび日本を訪れている。

以上が、アメリカのオーガナイズド・ベースボールでプレーした最初の日系人、アンディ山城のわかる限りでの経歴である。ここからは、この山城が、1913年ホノルルから日本に派遣された「布哇中学母国見学団」のメンバーとしてはじめて日本の土を踏んでいること、そしてこの「布哇中学母国見学団」こそが、アメリカから来日した最初の日系人野球チームだったという話なのである。

日本を訪れたハワイの日系二世中学生

1913年7月17日、東洋汽船地洋丸は、船客257名を乗せ太平洋の航海を終えて、横浜港に入った。その中に、ホノルルから乗船した「布哇中学母国見学団」と称する17名の一団がいた。いずれもグレーのこざっぱりした背広に麦わら帽の格好だ。17歳になったばかりのアンディ山城は、そのメンバーとしてこの時はじめて日本の土を踏んだのである。

布哇中学は、アメリカの普通教育を受けるハワイ生まれの二世に、充分な日本語を教授し、「日米の架け橋」となる人物の育成を趣旨として、オアフ島ホノルル市フォート街に浄土真宗本願寺派学務委員の手で1907年10月に創設された日本語学校である。正規のハイスクールの始業前や放課後の2時間を当てる、今で言えば、ダブルスクールの役割を果たしていた。母国見学団に付き添って来日したハワイ開教師・甲斐静也は次のように語っている。「日本、アメリカ両方の教育を授けらる、を以て学校卒業証書も双方より是れを受けつまり東西文明を紹介するが如き人物言換ふれば極めて融通の利く人間が養成さる、わけなり」（『九州日日新聞』8月20日）。教育熱心な日本人移民一世の親たちからの信頼は厚く、1907年当時、ハワイ8島にはすでに100校以上の日本語学校が開校していた。しかし二世たちには、このダブルスクールがつらかったようである。「いやだった」と口々に話す。

布哇中学見学団とは、夏期休暇を利用しての3か月の日本訪問プログラムで、一人当たり120～150ドルの費用は学校と有志の寄付によってまかなわれると発表された。ホノルル以外からも参加者があった。

実は布哇中学見学団には日本の中学との野球試合をとおしての親善の役割も課されていた。参加者の費用が寄付によるものとは、そうした背景があったこと、そしてその費用がどこから出ていたかについては表には出されていず、資料も見つけられなかった。参加者17名が野球選手でなければならなかったことが、こうした事情から明らかである。

日本行きの引率者は当初、校長丹生実栄が予定されていたが、出発前に丹生の妻が体調を崩し、代わって同校教諭田嶋金次郎が急遽付き添いの責任者となった。

見学団一行17名はつぎのとおり（『芸備日日新聞』8月13日）。

引率者

田嶋金次郎　布哇中学教諭・監督
川原権次郎　布哇中学寄宿舎舎監補　広島県安芸郡仁保島村出身

選手　原籍　布哇中の学年　出身地　ハイスクール
岡野実　広島県　3年生　ホノルル市　ローヤルハイスクール
柿田義男　広島県　4年生　ホノルル市　マッキンレーハイスクール
栗崎市樹（兄）　熊本県　卒業生　ホノルル市　セントルイスカレッジ
栗崎一喜（弟）　熊本県　2年生　ホノルル市　セントルイスカレッジ
田代勇　広島県　4年生　ハワイ島ハラカワ　マッキンレーハイスクール
築山長松　山口県　3年生　ホノルル市　マッキンレーハイスクール
寺田義雄　広島県　2年生　オアフ島アイエア　カフマヌハイスクール
土井初一　山口県　卒業生　ホノルル市　マッキンレーハイスクール
東家末男　熊本県　4年生　ホノルル市　ローヤルハイスクール
福嶋義夫　広島県　卒業生　ホノルル市　マッキンレーハイスクール
宮本一男　熊本県　2年生　ハワイ島オーカラ　ローヤルハイスクール
村重泰祐　山口県　卒業生　ホノルル市
山崎健一　広島県　4年生　オアフ島ワイアナエ　イオラニハイスクール
山城正義　広島県　卒業生　ホノルル市　ミッドパシフィック校

布哇中学野球チーム。左上バットを持っているのが山城。来日を報じた『野球界』のグラビアを飾った一枚（The Yamashiro Family 提供）

マヌエル・J・ロペス　本願寺小学校〔元〕生徒　ホノルル市

このうち田嶋と川原は日本生まれの一世。栗崎市樹がこの年3月に日本を訪れたことがあるほかはみなはじめての日本だった。ただ一人日系ではないロペス、20歳は、本願寺小学校を卒業し日本語もうまく、郵便局に勤めていた。「日本語研究の為同中学に入学中にて日本の視察の為め一行に加はりたるものなり」（『東京朝日新聞』7月18日）。ホノルル出発前日には、実は布哇中学の第3回卒業式がとり行われ、17名を送り出したが、その中に来日メンバーの福嶋、村重、土井、山城の4名が含まれていた。

横浜に降り立った中学生が出迎えの

人たちを驚かせたのは、日本の子どものように丸刈りではなく、大人のように頭髪をきれいに左右に分けていたことだった。この件で田嶋団長は何度となく質問を受け、つぎのように答えた。「小学校の児童迄が頭髪を左右に分け居ると云ふは一寸嘘のやうなる話なれど這は全く事実なり斯の如くにして学生の服装、頭髪等に付ては学校より何等の干渉を加ふる事なく全く放任主義なり」（『芸備日日新聞』8月14日）

母国見学の目的

一行は横浜到着の翌日から忙しかった。まず午前8時、横浜公園社交倶楽部で、横浜商業会議所の歓迎会が開かれ、中学生たちは第2代会頭大谷嘉兵衛の講話を聞き、大谷から「忠君愛国」と自書した扇子を贈られた。大谷は製茶貿易で成功した実業家であると同時に貴族院議員も務めた。それを終えると、一行は朝8時50分横浜発の列車で東京へ向かった。

9時半に新橋着。東京駅の開業は翌年12月まで待たねばならない。それまで東京の起点駅は現在の汐留駅付近にあった新橋駅だった。まず文部省に出向き、永田町の文部大臣官邸で大臣奥田義人に面会した。その場には早稲田大学教授で地理学者、衆議院議員も務めた志賀重昂《しげたか》も同席した。志賀がその前年にカリフォルニア、ハワイに調査旅行した縁で、一行の文部大臣面会をあっせんしたのである。一行は奥田の訓話を聞き、筆200本をプレゼントされた。11時退席。

そこから霊南坂の大倉美術館に回り、中学生たちは階上からはじめて見る東京に、「ホノルルより大きい」と感嘆の声をあげた。正午過ぎ、近くにある志賀の私邸での昼食会のゲストとなり、スシやサンドイッチで歓待された。そこには志賀と同郷（岡崎）の土屋光春陸軍大将、丸善3代目社長・小柳津要人、貴族院議員・東郷彪（東郷平八郎の長男）も同席していた。土屋の講話があったが、おそらく日露戦争の旅順攻撃戦の手柄話だったのだろう。土屋はその戦勲が認められ、1907年に男爵、10年には陸軍大将に昇進した。一行は庭の紅葉と梅の木を見て、「布哇で見馴れぬ妙な木だ」と感想を漏らした。

このように布哇中学生の日本訪問の目的は、各地の名所を訪ねる単なる物見遊山旅行ではなかった。名所旧跡を訪れながら、政治家や軍人をはじめ、著名人に会い、話を聴くことで、日本人としての誇りを身につけることが望まれたのである。

ハワイの移民一世は、海を渡って砂糖プランテーションでの過酷な労働に従事した。故郷に錦を飾ることを目指す出稼ぎ意識から、やがて家庭をもち定住する方向に変わったが、ハワイを事実上牛耳る白人プランターからは見下され、差別される日々を送っていた。また法律上、一世はアメリカ市民権を取得できない外国人であった。しかし移民の子として生まれても、厳しい日系人排斥の中にあっても、二世はアメリカ準州ハワイ生まれのれっきとしたアメリカ人だった。一世の親たちは日系人社会の未来を二世に託したのである。その二世はアメリカ人としてどのように生きていくべきか。これがいわゆる「二世問題」である。ハワイの二世人口は今や3万人以上、学校生は約1万人に達した。アメリカ人（白人）に日系移民も社会の一員であることを認めてもらう、そのためにはアメリカ生まれの日系二世が布哇中学の創立趣旨にあるように「日米の架け橋」となるべく、まずは親の祖国日本を訪れ、日本文化に直に触れる機会を与えようではないかと一世が主導したのが二世見学団であった。

一行のホノルル出発に先立って長文の「布哇中学校母国見学旅行趣意書」（6月15日付）が、布哇中学の学監今村恵猛と校長丹生実栄の名で、訪問地の実業団体や新聞社など関係各方面に送付されていた。

毎歳卒業式に際し此等海外に生れ異郷に長じ邦人設立の中学を卒へ而も未だ曾て故国の風土文物を見聞せざる等学生を以つて母国見学観光団を組織し……彼等学生に実地見学の益を与ふるのみならず其前途の発奮努力に資し延て生涯の人格性情に及ぼす感化殆んど計られざるものあるや必せり是れ吾人が敢て此行を企てし所以なり（『中国新聞』7月2日）。

趣意書の要請に応えようと、行く先々では準備万端整えて見学団の到着が待たれた。

これまで、二世の日本見学団派遣について、ユウジ市岡（日系二世の歴史家、元カリフォルニア大学ロサンゼルス校教授）の説によれば、１９２４年の排日移民法成立から8か月後の、１９２５年3月に、サンフランシスコの日米新聞社が若い二世たちのために3か月の日本訪問旅行を主催したのが、その始まりだということだった。しかし実際には、アメリカ西海岸より12年も前にハワイの日系人社会は、同じ目的をもって二世を日本に送り出していたのである。

日本からのハワイへの移民時期がアメリカ本土へよりも早かったからだろう。「二世問題」はハワイでは本土よりもそれだけ早く顕在化していた。

横浜商業と第1戦

見学団一行は志賀邸を辞した後、午後2時5分新橋発で、東京から横浜へ取って返した。向かった先は横浜公園グラウンドである。横浜商業と一戦交える野球試合が待っていた。「布哇中学見学団」を野球チームとする連絡は事前に日本側に伝えられていた。たとえば『萬朝報』(7月1日)は、一行の来日を「来朝すべき野球選手」と早々と紹介している。『東京朝日新聞』(7月18日)は、到着を報じる記事で、「尚一行は野球チームを組織し滞留中日本学生と試合をなす筈」とし、チームのメンバーとポジションを列記した。

ホノルル出発前には山城の父、松太郎ら一世が発起人となって日系人社会の各方面から見学団のための寄付を募った。その募金額は290ドルに上り、野球用品(野球ユニフォーム12着96ドル、野球ソックス12人分9ドル、応援旗3枚2ドル25セント)の購入にあてられ、見学団にとっては野球チームとしての準備を整えての日本行きだった。

ホノルルでは1913年1月、5チーム(日東倶楽部、常磐倶楽部、中央学院、仏教青年会、布哇中学)からなる日系人野球の「アアラリーグ」が結成され、布哇中学は7勝2敗の成績で最初の優勝を勝ち取っている。この優勝チームには「見学団」に参加した山城、村重、ロペス、土井、栗崎兄、田代の6選手が名を連ねていて、山城は打率・342と大活躍を見せた（『布哇邦人野球史』）。

布哇中学の日本「遠征」第1戦、横浜商業は1回表から好スタートを切った。布哇の先発投手ロペスから先頭の加藤が四球を選び出塁、そして二盗。3番投手遠藤の犠打で加藤が還り、まず先制点を挙げた。それに反し後攻布哇中学の1回裏はあっけなく3者三振。2回にまた横浜商業は四球とエラーで2点追加。その後も3回に1点、5回に3点、6回7点、9回3点と立て続けに得点を重ねた。ハワイはたのみのロペスが船旅の疲労で精彩を欠き、5回レフトの栗崎兄が救援。さらに6回には、一塁手の山城が3人目のマウンドに上がり防戦に努めたが、3投手とも横商打線につかまり（10安打、14四球、1死球）、4－17と不甲斐ない大敗を喫した。布哇中学は船旅の疲れが重くのしかかり、チームの士気は上がらずじまいだった。

ハワイはようやく7回にヒットの栗崎兄と四球の山城が敵失で生還し2点、8、9回に1点ずつ加えたが時すでに遅し。試合前、引率教員の田嶋が「選手は此頃あまり練習を行なはなかつたに加へて船中では少しもやらなかつたから充分の活動は出来ないだらう」と予想したとおりの結果だった。

										得点	安打	失策
横浜商業	1	2	1	0	3	7	0	0	3	17	10	1
布哇中学	0	0	0	0	0	0	2	1	1	4	4	7

この試合の布哇中学の先発ラインナップはつぎのとおり。

1村重（遊）、2土井（捕）、3栗崎兄（左）、4山城（一）、5築山（三）、6東家（二）、7栗崎弟（右）、8山崎（中）、9ロペス（投）。

その後の試合でも、村重がトップを打ち、栗崎兄、山城、築山、土井が中軸というラインナップは変わらない。チーム唯一の白人、ロペスは判明する日本での8試合中7試合で先発マウンドに立っている。主戦投手として見学団には欠かせない存在だったと思われる。

試合後、午後7時50分横浜発の列車で、この日二度目の東京へ。夜11時新橋で下車、宿舎の本願寺築地別院（築地本願寺）に入った。

翌19日、ハワイの中学生は一日を、東京各所の見学に費やした。午前10時ごろ築地本願寺を出発、二重橋、日比谷公園、丸の内、靖国神社と遊就館、九段の軍事博物館を回った。前日面会した土屋大将の紹介で近衛歩兵第一連隊を訪れ、営庭で一個中隊の突撃訓練を観覧し、「一同其勇壮なるに驚嘆の声を漏し」た（『東京日日新聞』7月20日）。午後5時ごろ本願寺に引き揚げた。

三田倶楽部と第2戦、早稲田中学と第3戦

7月20日、朝から「見学団」としてのスケジュールが詰まっていた。まず午前10時、早稲田の大隈重信邸を訪れ、早稲田大学のキャンパスを見学した。その後本願寺にいったん戻り休憩

を取ると、午後4時50分から慶応の三田綱町球場で日本での第2戦に臨んだ。対戦相手は中学チームではなく大学OBの三田倶楽部であった。

中学選手は前々日の横商戦とは打って変わって段違いの元気さで序盤から果敢に攻めた。3回、布哇は村重バントヒット。簗山の打球を三塁手神吉英三がエラーし、村重二塁へ。栗崎がレフトへ安打し、先制点を入れた。しかし三田は5回に先発ロペスからヒットと敵失で1点を奪い同点とした。その裏、布哇は左翼安打で出たロペスが、簗山の三ゴロで生還し、勝ち越し、さらに7回、簗山の投ゴロの間、ヒットで出ていた村重がホームを踏んで、布哇が日本初白星を飾った（3－1）。

三田倶楽部は練習不足を露呈した。いいところがまったくなかった。出場したのは直木松太郎（一）、小山万吾（二）、福田子之助（遊）、神吉英三（三）ら球界に知られた名選手ぞろい。と言っても、いずれも1905年ごろに活躍した「往年の名選手」だった。これには事情があった。あいにくの夏休みにあたり、慶応普通部生は不在。そこで相手を買ってでたのが三田倶楽部だったが、急造チームではボロが出た。

この結果を受けて、布哇中学は、「守備は中学チームとして格別見劣りのしない上々の方に見受けられた、二三中学との試合に興味あるゲームを見せるであらう」と日本での評価をつかんだ（『時事新報』7月21日）。

得点　安打　失策

三田倶楽部	０００	０１０	０００		１	２	５
布哇中学	００１	０１０	１０×		３	６	５

その２日後（７月22日）、一行17名は、今度は慶応を訪問し、三田演説館、図書館、幼稚舎などを見学した。

ところで布哇中学の２番一塁手ウィルフレッド築山長松（１８９７〜１９６６）は、のちに日系人の政界・法曹界への道を切り拓くパイオニアとなる。シカゴ大学ロースクールを卒業。１９２９年〜42年ホノルル市郡検事を務め、そればかりか、46年ハワイ準州上院議員（共和党）、上院議長。59年ハワイ州最高裁長官に就任。築山を早くから援助したのは、山城の父親松太郎だったといわれる。野球界でも、築山は１９３４年ホノルル日系人社会を代表するセミプロ朝日の第６代オーナーに就任した。

７月26日、布哇中学は戸塚球場にやってきた。早稲田中学との一戦である。午後４時開始、布哇はこの日も元気いっぱいだった。初回村重四球に続いて土井が三塁エラーで出塁、築山のヒットで村重が先制のホームイン。４番レフト栗崎兄が二塁打で続き、土井と築山も還って３点。４回にもロペスがヒットや早稲田のエラーで２点を追加。５－０と大きくリードを奪った。

しかし早稲田中学も反撃。５回、四球と失策で３得点。７回に２点を加えついに追いついた。それもつかの間、布哇は８回に猛攻をかけた。土井の三塁打、栗崎二塁打、山城シングルなど長打４本を含む５安打を爆発させ、一挙６得点、早稲田を突き放した。

布哇は12安打、7四球、7盗塁。早稲田中学は完投ロペスからわずか3安打、7四球、3盗塁に終わった。『野球年報』（1914）は「早中最後の醜態は何事ぞ」と8回の6失点を叱った。

				得点	安打
早稲田中学	000	030	201	―7	3
布哇中学	300	200	16×	―12	12

この見学団がどのようなルートで移動したか、不明な点が少なくないが、東京滞在中には日光まで足を運んでいる。

富士登山、伊勢参宮、京都、奈良

7月30日、東京を離れる日がきた。早朝、中学生の一団は新橋を出発。東海道線を下った。すでに前年1912年には新橋から東海道線・山陽線で下関まで急行の運行が開始されていた。一行17名は、午前10時8分御殿場で下車した。東海道線は1934年の丹那トンネル開通まで、熱海など海沿いではなく、御殿場を通る内陸部を走っていた。ここで下車したのは日本訪問で欠かせない富士登山のためである。直ちに鉄道馬車に乗り込み、須走に午後1時着。富士登山のベースキャンプともいうべき宿坊・旅館大米谷《おおこめや》に荷物を置いて、午後3時、いざ出発。「一行は富士を眺めては実に驚き早く登りたしと口々に叫びつゝ元気頗る旺盛なり」（『時事新報』7月31日）。

この日は6合目の石室（山小屋）に泊まり、翌31日早朝、頂上をきわめた。下山途中に予期せぬ雨にずぶぬれになり、手足が凍えるほどの寒さをはじめて経験した。「百の教科書を読むよりも良き経験」（『芸備日日新聞』8月14日）。御殿場口に下山した。

さらに東海道線を西下。名古屋から伊勢神宮へ。8月2日、日本での第4戦は三重県伊勢において地元の県立第四中学（現・宇治山田高校）が対戦相手だった。第四中学は東海5県の大会で優勝し、1915年8月豊中球場で第1回が開始される「夏の甲子園大会」に出場した10校の一つとなる。試合内容を記す資料は見つからないが、布哇中学は8－1の大勝利をおさめたことが確認できる。

試合後、午後3時43分の列車で山田をあとにし、夜、京都に到着。花屋町堀川西入ル、都館に宿泊。京都は今も昔も変わらない人気の観光地。中学生たちは翌8月3日、早朝6時から一日かけて市内を巡った。

まず、布哇中学のスポンサーでもあった西本願寺に参拝、いったん宿にもどり朝食を取った。その後は、真宗信徒生命保険株式会社を訪問し、茶菓子の接待を受けた。続いて、東本願寺に参詣し、三十三間堂、博物館を見学し、清水寺の舞台から洛陽をながめ、音羽の滝に涼を得た。清水坂の店でみやげに清水焼きを購入。産寧坂から高台寺、円山公園を経て八坂神社に向かい、西楼門を仰いだときにはすでに午後5時。これで予定の見学を終了し、市電で都館にもどった。

京都2日目、8月4日。午後2時から、平安中学グラウンドで、平安中学と日本第5戦に臨んだ。平安も中学球界の古豪で、「甲子園大会」が始まる前、三高主催で開かれていた中等学校の野球大会や、毎年11月3日に開催される近県中等学校大会の常連校だった。

布哇は1回に平安の守備の乱れに乗じ2点先制したのをはじめ、8回まで毎回得点を重ね、予想外の大差で勝った（16－2）。

布哇中学　２２１　２３３　１２０—16
平安中学　０１０　００１　０００—２

京都3日目もスケジュール満載だった。午前9時、都館を出て、武道奨励のために誕生した武徳会で演武を見学。つぎに都ホテルでの京都商業会議所主催の昼食レセプションに招かれた。会頭浜岡光哲をはじめ正副会頭らが出席。浜岡は地元の新聞社、銀行、鉄道の設立に関与する関西実業界の大物で、同志社など学校の設立発起人、それに衆議院議員でもある。食後は談話室で布哇中学生が日本に対する感想を述べ、浜岡の商工業に関しての講話を聞いた。午後2時半に散会。選手たちはそのまま大宮七条上ルの平安中学へ向かった。

午後4時、前日と同じ平安中学グラウンドで、錦華殿倶楽部と対戦した。これは「大谷光明、大谷尊由といった本願寺の御曹司が率いていた野球チーム」（『平安野球部１００年史』）で、平安中学との結びつきが強く、平安野球部を経済的にもバックアップしていた。

試合開始から激しい点の取り合いとなった。2点リードの7回に、錦華殿の攻勢をかわそうと投手を福嶋から前日完投のロペスに交代し逃げ切りをはかったのが失敗だった。11－12の惜敗。

錦華殿倶楽部	100	501	320	—12
布哇中学	420	300	002	—11

錦華殿倶楽部のラインナップには、1番二塁・大谷光明、6番右翼・大谷尊由の名前があるが、個人成績は不明である。二人は真宗本願寺派第21世法主・大谷光尊のそれぞれ3男と4男。光明は日本ゴルフ協会の創立やゴルフコース設計、ゴルフルールの普及に携わり、「日本ゴルフの父」と呼ばれた。尊由はのちに貴族院議員となる。

8月7日、京都3試合目。午後4時から、京都府立第二中学校の校庭で、二中を相手に戦い、1－4で敗れた。朝日新聞社主催の全国中等学校優勝野球大会（のちの夏の甲子園大会）は2年後に豊中球場で始まる。府立二中（現・府立鳥羽高校）はその第1回大会で優勝校となる。

布哇中学	100	000	000	—1
府立二中	001	030	00×	—4

8月9日は試合がない。京都から一日かけて滋賀県・琵琶湖を楽しんだ。午後5時、疎水通船で京都に引き返し、午後8時5分、京都発で奈良に向かい、この日は奈良に宿泊。翌10日は、畝傍御陵を参拝し、法隆寺などの名所見物に費やした。

奈良からあとのルートは一層たどりにくいが、一行は大阪、六甲、神戸を経て明石に一泊したことがわかる。

広島で大歓迎

山陽本線に乗った布哇中学生が8月13日朝、広島に近づくと、途中駅から地元紙の記者が箱乗りしてくるわ、歓迎の人々も同乗して来るわの大賑わいとなった。汽車は午前7時37分、広島駅に到着。そこには市長をはじめ広島実業団、在広島新聞記者、広島商業会議所、本願寺広島別院僧侶、広島市職員、広陵野球団など各方面から200人もが集まり、ひときわ大きな歓迎ぶりとなった。花火が上がる中、広島音楽隊の奏楽のうちにプラットホームに降り立った17名は、疲れた様子も見せず、駅待合室で出迎えの親戚の人たちとしばらく歓談した。広島では布哇学生見学団歓迎委員が組織され、歓迎行事いっさいを取り仕切った。

実は、見学団の来訪をどこよりも待ち望んでいたのは、ほかならぬ広島だった。それというのも、広島はハワイへ多くの移民を送り出した土地柄であり、今回もメンバーに広島にルーツ（原籍）をもつ者が多く、一行を迎える熱意には特別なものがあった。

駅から人力車に乗って宿舎・本願寺広島別院に入り、昼食。午後は大本営跡、真宗崇徳教社、大手町2丁目の三井銀行広島支店、国泰寺などを巡った。

この日の地元紙『中国新聞』（8月13日）は「布哇学生母国観光団を迎ふ」という社説を1面トップに掲げ、「少年珍客を歓迎す可き喜び」を表した。

「母国訪問の目的は種々ありて、或は故郷の山水に親しみ、旧友と語りなどする者もあらんも、其多くは、在外間に、発展せる母国の情況を認識せんとするにあらざる可かざる可し」

続けてハワイは「我国力の伸張の上に、多大なる影響を与へたる土地なり、吾国民が甚大なる人口増加の大勢を、伸ばすべき最適なる土地なり」と日本にとっての重要性を力説する。

然れども布哇は、現に米領なるが故に、その思想界の傾向は殆んど米国式なり、すなわち自由主義にして、其趣味は頗る愛銭的なり、されば吾国民にして渡航せるものの中にて、相当なる年齢に達したるものと雖、ともすれば彼国の思想に惑溺感染せるもの少からずして、為に我国固有の国民性と相容れざるが如き点無きにあらざるに至りしを見ること往々にして在り、況んや年末だ幼少にして、自己の思想の固着せざる間に於ておや。即ち自己の四周の環境より感化を受くること、頗る痛烈鋭敏なるが故に、日本式布哇在住者といふよりも、米国式布哇在住者と云ふ可きが、寧ろ妥当なりと思料せしむることのあらざるかを疑はざるを得ざる也。別して身を学籍に置きて、思想の注入激しき時期に在りては、最も警戒を要せざる可からざるの時なり（『中国新聞』社説）

最後に「純日本的精神を失ふことなく、益々奮励して、母国の名声を挙げ、而して実力の之に伴ふに至らしめんことを祈りて止まざる也」と激励で結んだ。

ハワイの二世に求められたもの

移民一世は、アメリカ人として生きる二世に一世の母国日本を肌で知ることで、日本人としての誇りを学んでほしいとの願いから送り出したのだろう。言い換えれば、差別に負けることなく人間としての誇りを持って欲しいということである。しかしこの社説は、ハワイは合衆国の準州ではあるが、日本の〝橋頭堡〟であり、若い二世は日本人としての自覚をもち、日本のために尽力せよとの調子に聞こえる。ここには布哇中学の創立理念である「日米の架け橋」としての期待ではなく、ハワイにあってアメリカに染まらない日本人作りがあからさまに求められている。そのため見学団とは日本への研修旅行であり、ハワイ生まれの若い二世を日本人として鍛え上げる一行程ととらえているのである。

その後、日米開戦までの期間、ハワイとアメリカ本土から「見学団」や「観光団」と称する日系人団体の日本訪問が増加するが、満州事変や日中戦争突入など極東情勢の深刻化につれて見学団は、より露骨に、立派な日本人たれ、と意識させる傾向が強まる。たとえば、ハワイ・カワイ島で二世野球を指導した濃人鍬一の著書『母国を訪れて』（１９３４年）に、日系新聞社長の曾川政男はつぎような一文を寄せている。

白人、殊にアングロサクソン万能の布哇に育つた彼等（二世）に、日本の如何なるものかを教へ大和民族の誇るべき所以を知らしむることは、人種的卑下心を除いて、確乎たる自信を持たしむるためには、日本を訪問せしむることが、何よりも効果的であるからです。この意味に於て日本見学はヤンガーゼネレーシヨンの諸君にあつては、是非一度は試みるべき社会的必修課目なのであります。

ちなみに濃人は、のちに日本プロ野球の金鯱などでプレーし、戦後は東京オリオンズなどの監督を務めた濃人渉の父である。

布哇中学母国見学団は巡業で主に本派本願寺の施設を宿舎に利用し、陸軍施設や寺社仏閣を見学し住友銀行をはじめとする実業界や県の要人らの歓迎を受けた。しかし、訪れた各地の新聞を見る限り、１９１３年の布哇中学生たちからは物珍しいものに関心をもつ観光客としての感想は語られるが、日本側の歓迎の意図に応えるほどの反応はうかがえない。

種々の物を見て種々の意味で驚かされたが東京に大建築が多い事大阪が賑かな事、ホノルルの水は大阪よりも汚いが広島の水が奇麗で景色の好い事、布哇で見た事も無い鴉、鳶となんと云ふ怪禽が妙な声を出して頭の上で鳴く事是には皆驚きました。蝉の八釜しいのにも驚きました。布哇に蝉は居ません。富士へ登つて初めて雪と云ふものを見て驚いた。布哇は年中秋の時候です。富士へ登つて下つたら同時に寒暑を経験した。汗が出てワイシヤツを乾す間もないには閉口、布哇では会でも無ければ日本食は食べられないから日本料理は珍しい。竹へ色紙を貼つて朝顔の形にした灯籠ですネあれが大変珍しい（『芸備日日新聞』8月14日）

山城個人にしても、はじめての日本を巡り、「何でもかでも珍しいけれど其中でも家の低いのが一番目に付く、何だか鼻先に突当る様だ」と話しているものがあるだけだ（『九州日日新聞』8月19日）。

広島中学と対戦、さらに西へ

翌8月14日は夏の好天に恵まれた。朝8時40分、広島高等師範学校グラウンドで、ハワイの中学生チームは県立広島中学（広島一中、現・広島県立広島国泰寺高校）と対戦した。19世紀末に創部された同校野球部は、1907年に始まった第1回近県連合野球大会（岡山・六高主催）と翌年の第2回を連覇した。14年にも優勝し、朝日新聞社による翌年の第1回全国中等学校優勝野球大会（のちの夏の甲子園大会）に出場するなど、広島には相手がいないとまで言われた黄金期を迎えていた。この試合直前には慶応の現役選手、三宅大輔と腰本寿を招き、1週間の特別コーチを受けていた。

「広陵の好球家が一日千秋の想をなして待ちに待ちたる布哇ホノル、中学対県中野球大試合」（『芸備日日新聞』8月15日）。見物客は7時頃からどんどん詰めかけ、試合開始時にはその数「無慮数千」に達した。広島高等師範学校長・幣原担の始球式に続いてプレーボール。布哇中学は広島中学の先発投手のスピード不足につけ込み、8回を終わって6－3とリードし、白星を手にしたかと思われた。しかし9回表、布哇の内野が乱れ、一挙6点のビッグイニングを広島中学打線に献上し、7－9で逆転負けを喫した。

当日の審判・慶応大学出身の村上伝二が同紙（8月15日）に、「布哇は初めに得点を得て慢心したのが重なる敗因」と語った。そして「布哇は負けても愉快な顔をしてゐました。アレは外国人の精神を学んだもので実に好い処だが日本人は兎角勝負を根に持つて不可《いけ》ない」と、勝負ばかりに拘泥しすぎる日本選手には見られないハワイ選手の戦い振りに目を止めた。

広島中学　０００　０１０　０２６―９

布哇中学　００３　０２０　１０１―７

試合後、ハワイの選手は県立中学選手や歓迎委員と記念撮影をすまし、宿舎の別院にもどった。この第8戦以降約3週間、布哇中学に試合はない。

広島中学との試合が午前中だったため、午後1時には中島本町にある住友銀行広島支店の歓迎会に臨み、そのあと宇品港から厳島へ渡った。紅葉谷にある岩惣旅館に投宿。広島歓迎実業団からこの旅館において記念の銀杯1個を、厳島町から杓子1本ずつを贈呈された。

翌8月15日は厳島神社に参拝。杉の浦では地曳網を見物し、松濤館での招待会に出席。そのあと海水浴を楽しんだ。

夜11時42分、宮島発下り列車でさらに西へ向かった。

見学団は翌朝午前5時26分、下関に到着。午前9時、関門海峡を渡る。大里本願寺別院に立ち寄り、枝光の八幡製鉄所を見学。午後2時15分発の列車で、二日市温泉に直行した。途中の福岡市は素通り。市役所、商業会議所や新聞社までもが歓迎行事の計画を練っていたが、肩すかしを食った。

8月17日は太宰府天満宮を参拝。午後は大牟田で三井炭坑と三池港を見学。午後6時3分発に乗車し、最後の訪問地熊本に午後7時20分到着。その晩は手取町研屋支店に宿泊。

翌18日は午前9時から熊本市内とその近辺を見物した。熊本城内の師団司令部、加藤神社、本妙寺。熊本県庁を訪れ知事赤星典太に面会。各所で絵葉書や名物の朝鮮飴、蜂蜜をもらって午後2時に宿舎に引き揚げた。横浜到着以来の強行スケジュールで、さすがの中学生たちも疲労の色濃く、熊本と言えば阿蘇だが、阿蘇行きは中止せざるをえなかった。

熊本で見学団は9月はじめに東京での再会を約していったん解散。10名は午後2時7分熊本駅発でそれぞれの原籍地に向かった。

出航前日に2試合

東京に参集した布哇中学一行は、ハワイへの出航を翌日に控えた9月5日、横浜公園グラウンドに再び姿を現した。日本上陸早々の第1戦で完敗を喫した横浜商業との第2戦である。

その横浜商業は前日（9月4日）、京都市立第一商業（現・京都市立西京高校）を接戦のすえ制した（1－0）。京都一商は東京に遠征してきて日本中学、青山学院、荏原中学、成城中学、立教中学、早稲田中学の強豪6校を総なめにしていた。つまり横浜商業だけが東都中学球界を席巻した京都一商に黒星をつけたのである。

その横浜商業との第2戦。1回、先攻横浜商業が無得点に終わったその裏、布哇中学は無死二、三塁のチャンスに、3番栗崎兄がレフトへ犠牲フライを打ち上げて、早くも先制。好スタートを切ったと思われたが、布哇が得点できたのはこの1点のみ。

５回表横浜商業はまず同点とし、さらに6回表には逆転に成功した。先発ロペスに連打を浴びせ、ロペスのまずいバント処理と遊撃手簗山のファンブルも手伝い、この回一挙3点を入れ、大勢は決した。布哇中学は挽回をねらって田代、栗崎、山城らが頑張ったが、横浜商業の守備は堅かった。布哇中学は第1戦の雪辱を期したが、横浜商業は打撃守備とも一枚も二枚も上手だった。

				得点	安打	失策
横浜商業	000	013	000	4	5	0
布哇中学	100	000	000	1	5	4

試合後、布哇中学は居合わせた桐葉倶楽部とも対戦し、3－1で勝った（試合の詳細は不明）。この結果、日本における成績は10戦5勝5敗、勝率を5割で終えることができた。翌9月6日、布哇中学の一行は、真夏の滞在52日間を終え、午後2時発の日本丸で横浜港を離れ、帰国の途に就いた。

９月15日夕方5時、日本丸はホノルル・アラケア桟橋に到着した。早速、布哇中学見学団は日系新聞『布哇報知』記者のインタビューを受け、「見るもの一として珍らしからざるは無く取り別けて面白かりとは云ひ難し」と語り、一行が長途の旅行を存分に楽しんだことがうかがわれた。

『日布時事』（9月15日）はつぎのように日本行きを面白くまとめている。「此度の旅行は日光から熊本迄の市町と名所旧跡を訪ふたので、其旅途の屈曲も多き故赤毛布も滑稽談も枚挙に遑がない程である、上は文部大臣閣下の歓迎を初め下は各市々民の歓迎 上は一万三千余尺の富士の頂上 下は三池の炭坑地下一千余尺、往復を算せば九千余哩の長き旅行我々一生の一大紀念である」

一行の中で田嶋監督と川原だけは、アメリカ市民権がないため上陸がすぐには許可されず、一晩、移民局に留めおかれた。

ところで本稿の主人公であるはずのアンディ山城の日本での様子を伝える史料はほとんどない。ほぼすべての試合で一塁を守り、4番を打ったのは確認できる。ただ、『布哇報知』（9月25日）は、次のように伝えた。横浜商業の投手などは、山城の強打を恐れ、四球で歩かすことが多かった。そのため山城本来のバッティングは日本で見られなかったのは残念だったという。一塁の守備でもバント処理、走者に対する牽制などスムーズなプレーが見られず、エラーをして、むやみに得点を許すはめになったという。山城ははじめての日本のグラウンドでは、ハワイ日系中学球界を代表し、のちにアメリカ本土のプロ野球に進出する本来の強打と好守を残念ながら発揮できなかったということだろう。

しかし、「今回の遠征は山城、栗崎、田代を除くの外は総体に打撃が弱かつたと思ふ、守備や策戦上の掛引などは流石は本場に近い丈に日本中学界に比して優ること数等であると思ふ」

と、日本よりもハワイ野球のレベルが高いことを確信したと総括した（『布哇報知』9月26日）。

最後に一つ。これまで日系人野球チームの初来日は、1914年9月10日に日本郵船静岡丸で横浜港にやってきたシアトル日本、それに遅れること2週間目に来日したシアトル朝日、このシアトルからの2チームというのが通説だった。筆者もそう書いてきたが、これは誤りと言えよう。その前年7月に来日したハワイのチーム「布哇中学見学団」こそが第1号という理由は述べてきたとおりである。日本の新聞各紙や『野球界』『野球年報』などの野球誌の扱いを見れば、日本球界に野球チームの来日との認識があったことに疑念はない。実際、布哇中学チームが対戦したのは日本の中学球界トップチーム揃いだった。

布哇中学チームの日本での戦績（10戦5勝5敗）

①7月18日　●　横浜商業　17－4　布哇中学　横浜公園球場
②7月20日　○　布哇中学　3－1　三田倶楽部　三田綱町球場
③7月26日　○　布哇中学　12－7　早稲田中学　戸塚球場
④8月2日　○　布哇中学　8－1　三重県立第四中学　県立第四中学グラウンド
⑤8月4日　○　布哇中学　16－2　平安中学　平安中学グラウンド
⑥8月5日　●　錦華殿倶楽部　12－11　布哇中学　平安中学グラウンド
⑦8月7日　●　京都府立二中　4－1　布哇中学　京都府立第二中学校グラウンド
⑧8月14日　●　広島中学　9－7　布哇中学　広島高等師範学校グラウンド

⑨9月5日　●　横浜商業　1－4　布哇中学　横浜公園球場
⑩9月5日　○　布哇中学　3－1　桐葉倶楽部　横浜公園球場
（○＝勝ち、●＝負け）

2つの北米インディアン・チームの来日

「試合過多症」となった1921年

日米開戦前の日米野球交流年表を作ってみると、1921年が特別な年であることに気づく。北米とハワイから実に10チームが来日し、そのうち大学や日系人など9チームが秋季に集中し、「本邦野球史上誠に希有の賑い」を見せた（『早稲田大学野球部史』）。戦前期の日本の野球ブームが黄金時代に突入したこの年、8月下旬から12月初旬にかけて、ほぼ連日、日本のどこかで日米野球戦が繰り広げられていたのである。

雑誌『野球界』主幹・横井鶴城は、球界の隆盛を喜ぶとしながらも、この異常事態を「試合過多症」と名付けた。たとえば、早稲田は、同年秋季だけで通常のリーグ戦に加え、自校で招聘したワシントン大学戦を含め18試合、慶応は17試合の外来チーム戦をこなした。

早稲田監督・飛田穂洲は日本球界の苦しい実情をつぎのように記した。日本のトップレベルは東京の5大学に関西の実業団3チームを合わせたわずか8チーム。これだけの勢力では、いくつもの来日チームと対戦するのは負担が重過ぎる。しかし、大学チームには米国本土・ハワイへの遠征時、厚遇された恩義があるので対戦拒否はできない。拒否すれば、来日チームに経済的苦痛をあたえかねない。「所謂武士の相身互と云ふ事もあつて、一回や二回のゲームは是非とも戦つてやらねばならない」（「今秋野球界の壮観」）

横井の説明によれば、前年のシカゴ大学やホノルル朝日、21年春のカリフォルニア大学の選手が帰国して日本の歓待振りを吹聴したのを知って、「何人でも、日本へ米国チームをつれてゆけば儲かる」との話が流布し、われもわれもとチームが押し寄せてきたということである。

ところで、来日した9チームの中に北米インディアンの2チーム、スークアミッシュ・インディアンズとシャーマン・インディアンズが含まれていたことは、ほとんど知られていない。明治から太平洋戦争開戦まで頻繁に野球チームが来日したが、北米インディアンの来日は、あとにも先にもこの秋季の2チームだけである。

インディアン・チームにとって日本遠征とはいったいどのようなものだったのだろうか。日米野球史を調べるには、日米双方の史料を突き合わせる作業が求められる。しかし、両チームの日本遠征をめぐっては、日本にも米国にも、その情報は極めて少ない。その限られた情報にも混乱や矛盾が見られる。『読売野球年鑑』（1953年）には、明治期以来の「アメリカの野球チームの来訪」のリストがある。スークアミッシュはわずか3試合0勝3敗、シャーマンは7試合2勝5敗としか記していない。いったい2つのインディアン・チームの日本遠征試合についてどこまで明らかにできるのか、まったく自信がないままにリサーチを始めた。

8月横浜に降り立ったインディアン・チーム

スークアミッシュ・インディアンズ（Suquamish Indians）の地元は、西海岸ワシントン州シアトルからプジェット湾を隔てたキトサップ半島である。すぐそばには日米開戦後、日系住民を最初に強制的に立ち退かせ収容したことで知られるベインブリッジ島がある。スークアミッシュ部族の野球は19世紀半ばに西海岸に入植した白人から伝えられたものだ。第1次大戦後、スークアミッシュは近隣では強豪チームで通っていた。「日曜午後のセミプロ野球が盛んで、それぞれの町、プルスボ、シルバーデール、ブレマートン……にチームがあった。シアトル近辺のジョージタウンやバラードなどシアトル近辺からもわれらのグラウンドにやってきた」。来日当時22歳だった捕手ウェブスターは後年、「1920、21年のチームは最強だった」と述懐している。

日本の新聞や雑誌は部族名を「スコミッシュ」と表記しているが、同半島のポートマディソン・インディアン保留地に2012年に新設されたスークアミッシュ部族博物館の学芸員リディア・サイゴ

19世紀スークアミッシュ族長だったチーフ・シアトルの墓。シアトル市の名前はこの族長に由来する（著者撮影）

は、「スークアミッシュ」と発音すると教えてくれた。『ジャパン・タイムズ・アンド・メール』と『ジャパン・アドバタイザー』の英字新聞でさえ、カナダ・バンクーバー近郊の別部族名Squamishと間違えている。チーム名からして混乱が見られるように、チームに関する来日前の情報はいいかげんなものだった。ただ、このチームはその後、訪れた日本各地の新聞には単に「インデアン」「インヂアン」と書かれた。

博物館の学芸員サイゴをはじめ、地元で日本遠征を調査している研究者ジェリー・エルフェンダルと作家フレッド・ムーディの両氏は異口同音に日本遠征の確かな記録はない、遠征チームの写真は一枚もない、詳細が不明だと言う。部族代表レナード・フォースマンもスークアミッシュのスポーツ伝統は部族の財産と語り、ぜひ日本遠征の詳細を知りたいと話してくれた。

最年長でキャプテンのルイス・ジョージ以下12名のスークアミッシュ・インディアンズは、1921年8月22日午後2時、秋季来日チームの先陣を切って大阪商船あらばま丸でやってきた。白人セミプロのカナディアン・スターズ（実際は米国ワシントン州バラードからのチーム）と一緒に横浜港に降り立ったのだった。

新聞各紙は、この2チームの来日は「明治大学の招聘」と報じたが、その実、「彗星的来訪」（横井）だったという。それはなぜか。

当の明治大学には自分たちが招聘したという認識はなかった。もちろん『明治大学野球部史』には、招聘したなど一言もない。明治のマネージャーも、インディアン・チームの来日は知っ

▲博物館学芸員リディア・サイゴ（本人提供）

▶スークアミッシュ・インディアンの部族長レナード・フォースマン（著者撮影）

日本遠征を研究するジェリー・エルフェンダル（右）とフレッド・ムーディ（左）（著者撮影）

ていたが、これが二つのまったく別々のチームだとは知らなかった。そのため、事前に対戦スケジュールも組んでいなかった（『ジャパン・アドバタイザー』8月23日）。

そうかと言って、明治大学と事前にコンタクトがまったくなかったわけではない。一行の横浜港到着時、埠頭には明治大学の中島野球部長、主将岡田源三郎ら明大生や関係者が大勢出迎え、エールの交換までやっているのだから。

さらに出だしから受け入れ側に嫌な予感をあたえたのは、両チームの来日が、大阪千日土地会社員と名乗っていた興行師・増子孝慈の手によるものだったことである（『東京朝日新聞』8月21日）。

増子は1881年7月4日、福島県岩瀬郡に生まれた。1896年5月にカリフォルニアに渡ったのは勉学目的だったという。サンフランシスコの新世界新聞社などロサンゼルスやデンバーの日系新聞を渡り歩き、その傍ら日系人野球チームを組織して中西部まで遠征したことがある。増子は1921年春、アド・サンテルとヘンリー・ウェバーというレスラー二人を伴って来日し、九段の靖国神社で講道館柔道との異種格闘技戦の興行を打って大当たりとなった。しかし増子はその興行収入を持ち逃げした挙げ句、サンテルを置き去りにしたという一騒動があり、「悪徳興行師」とのレッテルが貼り付けられていた。スークアミッシュ・チームを送り出したシアトルでさえ、日系人からは、「増子にかかつては彼等もヒドい目に合わされるだらう」と危ぶむ声が出ていた。

スークアミッシュには増子の悪評は届いてなかったのだろう。それに当のスークアミッシュの側は、「スポーツ用具メーカー、スポルディングのレフティ・ホグランドがスークアミッシュの日本ツアーを手配した」(ウェブスター)と理解していたようだ。スポルディングが販路を広げる目的で遠征スポンサーになったというのだ。信頼できる企業のオファーなら、遠征の誘いに乗らない選択はなかったろう。当時、スークアミッシュのチームは部族始まって以来最強の陣容を誇っていたのだから。しかし、日本国内の報道には、スポルディングの「ス」の字もない。

増子は日本上陸早々に、強豪インディアン・チームが対戦する相手は軒並み日本のトップチームであるとの大巡業計画を発表した。明治大学では何の試合準備もしていなかったのに、である。これはもちろん増子流の〝大風呂敷〟を広げた宣伝に過ぎなかった。「廿八日の日曜日に対明大戦を帝都の劈頭戦として戦ひ爾後早慶法立教三田稲門其他の各チームと数回宛対戦した後明大と共に東北に到り福島盛岡北海道に新潟長岡の各地に転戦し更に関西に至り大毎軍スター倶楽部其他とも決戦し尚場合によつては四国九州満鮮地方にも遠征せん意気込みである」(『東京日日新聞』8月22日)

スークアミッシュ・インディアンズと同じ船でワシントン州からやって来た白人チーム、カナディアン・スターズは、横浜到着当日午後4時から真夏の炎天下、横浜公園グラウンドで一緒に初練習を開始した。カナディアンの打撃練習ではポンポンと大きな当たりが飛び出し、興味津々で集まった野球ファンに「早慶明法に取り将に強敵の観がある」（『読売新聞』8月23日）と大きな期待をもたせた。ところが、もう一方のインディアン・チームは「守備打撃共に動作が幼稚で正式にコーチを受けたチームではないらしく実力は我大学より遥に下にある」（『東京日日新聞』8月23日）と早くも下馬評を下されてしまった。

〈スークアミッシュ・インディアンズの来日メンバー〉（　）は日本での主な守備位置

ロイ・ウールジー（投三外）、ルイス・ジョージ（投三）、アート・サックマン（投）、ローレンス・ウェブスター（捕外）、ビル・ローズ（捕一三）、ジェームズ・スミス（二）、チャールズ・トンプソン（遊外）、フレッド・マトソン（二）、モンテ・ベルモント（外）、ウッディ・ローリー（外）、ロイ・ローリー（外）、リチャード・テンプル（外）、ケネベック（一投）、ホワイト（遊）

チームメンバーは12名のはずだったが、新聞報道を総合すると14名の名前が見つかった。何人かは複数名で記されているからだろう。選手数人はマイナーリーグの経験があるとの前宣伝だった。ローズは、1916年シアトルを本拠とするノースウェスタン・リーグ（Bクラス）所属シアトル・ジャイアンツで投げたことが確認できる（44試合、9勝23敗。被打率・265）。

期待にそむいたスークアミッシュ

カナディアンは横浜・本町通りの船宿上州屋に腰を落ち着け、一方のスークアミッシュは伊勢佐木町表通りの下宿屋兼商人宿の第一鶴屋旅館を宿舎にあてがわれ、ともに連日、横浜公園で猛練習に明け暮れた。

早くも8月25日の『東京朝日新聞』は、まだ1試合も始まってないにもかかわらず、スークアミッシュを「惨めな野球団」と報じている。

「宿舎は外人は一般に二円だが特別に三分の一位にまけて居ると云ふ、一晩一円五十銭内外の宿賃とは米国人に取つては木賃宿より安いものであらう、食事は三度共出掛けて其辺の汚い酒場あたりで至極質素な物を摂る、宿屋で摂るのは煙草に氷位で不便を忍んで居るらしい」。記者も見るに見かねたようだ。「一行が大の親日を標榜してゐるのにこんな悲惨な待遇に置かれてゐるのは気の毒だとファン連中は騒いでゐる」

8月28日、スークアミッシュの日本初試合は明大戦。秋季野球の劈頭を飾る一戦は対戦相手がインディアン・チームという物珍しさから、雨模様にもかかわらず多数の見物人を三田綱町球場に呼び込んだ。その数1万人。三越の少年音楽隊の演奏、満場の喝采の中、両チームが入場。元ドイツ大使・杉村虎一による始球式と続く晴れやかなセレモニーで幕を開けた。しかし、スークアミッシュは期待にそむいて、明治に0－10と大敗した。新聞のスークアミッシュ・チーム評は辛辣なものだった。

「イ軍は徒らに想像以上の弱さを醜くも曝け出して仕舞つた　実際両軍の力量は格段の相違で……恐らくは中学チームの強さを有する位であらう」（『やまと新聞』）

「試合を観て驚いた◇先づチームとして一つも価値のないものである◇あんな技量を以て日本の四大学と戦ふとは少しく我が球界を馬鹿にしている観がある……こんな馬鹿げた試合に渡辺が負傷した事は誠に気の毒である」（『中央新聞』）

インディアンズ先発投手ジョージは「クラムボール」と自ら名付けたフォークボール似の変化球と直球、カーブが持ち球。2回裏、そのクラムボールがバッターボックスに立った明大エース渡辺大陸の左頬を直撃。昏倒した渡辺は直ちに病院に搬送された。スークアミッシュの地元では、いまだに渡辺は死球を受け3日後に死亡したと伝えられている。心配された渡辺だったが、そののち湯河原温泉で療養し、秋のリーグ戦でマウンドに復帰している。

この試合、ジョージと2番手ウールジーの2投手は「悲しいほど」コントロールを欠いていた。合計、四球14と死球3。それに輪をかけた味方のエラー11個が惨敗をまねいた。

インディアンズの得点機は一度だけ。2回先頭の4番ジョージがレフトへ三塁打を放った。しかし渡辺投手は後続3人を連続三振に取った。3回渡辺に代わった片瀬忠雄投手が、その後、インディアン打者に一塁を踏ませなかった。

8月31日は、同じ船で来日したカナディアン・スターズと対戦した。スークアミッシュはサックマン、ケネベック、ジョージの3投手をマウンドに上げたが、カナディアンは長打、好打を織り交ぜて打ちまくった。スークアミッシュの湿ったバットは、カナディアン・チームのジョージ・ウォルバーグとビック・ピック2投手の継投の前にノーヒッターを喫した。0－20。

第3戦の相手慶応は一線級を温存し、青木修平、斯真田一雄の新人に投げさせたが、スークアミッシュは安打3本しか打てず敗れた（0－16）。スークアミッシュは東京での3試合を合計すると27イニング無得点、失点46。屈辱的な3連敗だった。

龍ヶ崎でのスークアミッシュ・インディアンズ（中列）と、対戦相手の龍ヶ崎中学（前列）とオール龍ヶ崎（後列）。後列右端が龍ヶ崎町長・田中秀太郎、その隣が龍ヶ崎中学校長・宮本美明、左から5人目が同校野球部長・西村初太郎（『写真集龍ヶ崎』より、竜ヶ崎青年会議所提供）

横浜に滞在中、スークアミッシュ・インディアンズ一行はどのような気持ちで過ごしていたのだろうか。9月7日夜11時半ごろ、投手ジョージは宿舎の第一鶴屋旅館そばの市電軌道を横切ろうとして八幡橋発神奈川行きの市電に衝突、左肩、顔面などに全治4週間の打撲擦過傷を負った。「ヂヨーヂは当時酩酊して居たらしい」（『東京朝日新聞』9月8日）。

茨城、福島、新潟、各地で観客をたのしませる

慶応との第3戦を境に、東京の新聞からスークアミッシュ・インディアンズの報道は消えた。その後、どこに行ったのか、追跡は容易ではない。

慶応戦から9日後の9月12日、現れたのは茨城県龍ヶ崎市。龍ヶ崎中学チームと引き分け（2－2）、

オール龍ヶ崎に圧勝した（12－3）。龍ヶ崎の歴史を伝える写真集『龍ヶ崎』に、スークアミッシュと当日対戦した2チームの記念写真が掲載されている。龍ヶ崎中学は1905年野球部創設時からの野球部長・西村初太郎の手腕で、1918年から5年連続して関東野球大会に優勝した絶頂期にあった。西村の他、校長、町長らも龍ヶ崎をはじめて訪れた外国チームと一緒に写真におさまった。

9月15日は水戸中学グラウンドでのダブルヘッダーでオール水戸、県立商業にも大差で連勝。このインディアンズ戦をきっかけとして、水戸中学にはじめて英語の応援歌が生まれたという。17日の宇都宮倶楽部戦もスークアミッシュの完勝だった。

試合後すぐに宇都宮を発ったスークアミッシュは、翌18日午前1時に福島市に到着した。駅前の旅館に宿泊。地元紙『福島民報』は、はじめての外国チームの来訪を大きな写真付きで「本県野球界に於ける最大撃戦たるべし」と報じた。その写真に興行師増子も写り込んでいるが、チームの広報役は「青木」という人物になっている。増子とどのような関係かは不明である。

中央球界からは無視されたスークアミッシュ・インディアンズの巡業を追ってみると、東京での連敗で沈んでいたであろう選手たちの気持ちに余裕が出てきた様子が見てとれる。どこに行っても町を挙げての大イベントで迎えられ、対戦相手の実力が下がったとはいえ、連戦連勝の白星街道を走った。

東京では健康問題もあり本調子でなかったが、「プレーヤーも漸次風土になれて来たので頗る安心して居ます」（『福島民報』9月18日）とは、広報役の青木の弁である。

　スークアミッシュ捕手ウェブスターが晩年語ったところでは、彼の人生にとって日本遠征は忘れられないアドベンチャーになったという。時としてもてなしが過ぎることもあったようだ。「試合前夜には酒と魚で歓待してくれた。盛んに飲め飲めと。それで翌日起きるのは辛かったが、試合になるとやっつけたんだ」「シャンパンサイダーというのがあって、よく効くんだ。これと日本酒とわたしの好きだったアサヒビール。地元プジェットサウンドのムーンシャイン（密造の安酒）とはくらべものにならないうまさだ」

　前述のように、スークアミッシュは、来日時12名だったはずが、各地の試合の出場選手名を調べると、その合計人数は14名にのぼる。新聞が名前の表記を誤って複数伝えているのかもしれない。その他に、「佐伯」「荻原」という日本人２名をいつの間にか加え、陣容を強化していた。

　9月18日午後2時半からのオール福島との試合に、弁当持参の野球ファンは少しでも良い席を取ろうと争って、午前中から福島中学になだれ込んだ。グラウンド入り口では馴れない入場料の徴収で混乱する騒ぎとなった。試合開始の1時間前にはグラウンドを人垣が二重に取り囲み、周囲の木々も鈴なりの観客。スークアミッシュのチームが、増子を先頭に、部族戦士の深紅の顔をロゴ風にデザインしたユニフォーム姿で入場すると、３０００人の観客から、市内の北に位置する「信夫山を揺るがす程の歓声」が湧き起こった。

　試合はスークアミッシュの先攻で始まった。両チームとも無得点で迎えた4回裏、オール福島は内野の2失策と絶妙のバントが決まり、無安打で1点を先制した。しかし、スークアミッシュは6回、1死後、失策と3安打で3得点。さらに8回、2失策を生かし一挙5点、9回にもローズの三塁打などで1点と立て続けに得点。投げてはウールジーが1本もヒットを許さず、ノーヒッターをやってのけた。インディアン・チームの快勝(9－1)。

スークアミッシュの一人は、ヒットが出たり、盗塁が成功した場面で、見物席にクルリと向きなおってお辞儀をしたり、自分の帽子を横かぶりしたり、手をたたきながら飛び跳ねたりして観客をたのしませた。「まるで喜劇役者のやうな役回りを勤《ママ》めて観衆ヤンヤと騒がしてゐた」(『福島民報』9月20日)

その夜11時、スークアミッシュは新潟に向けて出発した。9月19日朝9時半、列車は新潟駅に到着、新潟野球協会役員に出迎えられた。野球協会は「新潟野球界の発展に資するところ大なるものある」と期待してスークアミッシュを呼んだのだった。スークアミッシュは新潟来訪以前にすでに各地で強豪かつ品格ある外国チームとして歓迎された様子が報じられていた。「インデアンの手腕は米国仕込にて堅実なりと唱へられ而も選手は孰れもそう等の教養あること、て総ての行動は紳士的態度に出て一挙手一投足が驚異を以て迎へられつ丶あり」(『新潟新聞』9月16日)

試合前には、街中に出て試合宣伝のビラ配りも務め、新潟市内はすっかり「野球気分に満ち渡」った。

新潟での初日、9月19日に対戦したコンマーシャル倶楽部は1916年新潟商業のOBが中心となって結成されたクラブチーム。現在も日本野球連盟に加盟し活動している。そのコンマーシャルが7回裏、2点本塁打を含め4点を挙げ1点差（8－7）に追い上げ、「得意満面数千の観衆為めに熱狂す」ると、8回表、スークアミッシュは余裕たっぷりに一挙3点を追加し、そのまま逃げ切った（11－7）。

2日目20日、ウールジーが被安打2、奪三振12でオール新潟を完封した（5－0）。新オール新潟戦後、新潟市の東、新発田での試合が「突如交渉成立した」との報。それは「新発田野球界空前の壮観たる」ダブルヘッダーになったが、ここでもスークアミッシュは連勝を飾ることができた。

大阪で苦境に追い詰められる

9月27日、スークアミッシュの一行は大阪に姿を現した。しかし、関西球界トップレベルのスター倶楽部とダイヤモンド倶楽部からは対戦を拒否された（『大阪毎日新聞』10月14日）。翌28日と10月1日の両日、スークアミッシュは、やはり海外チーム来日ラッシュの9チームの一つ、布哇日本と2戦し、連破した。外来チームの数があまりに多く、日本のチームとの対戦設定が難しくなり、結局あぶれたチーム同士での2試合ということだったろう。

さらに10月9日、京都岡崎公園でのオリエント倶楽部戦。この倶楽部は京大、京都一中、同志社のOBの実業団チーム。その実体は寄せ集めチームにすぎず、スークアミッシュの快勝（12－2）。しかし、トラブルの種はつきない。『京都日出新聞』（10月27日）はマネージャーの不行状を書いた。

「自らの技術が拙い為に戦ふチームもなく折角先般京都に来つて俄仕立てのオリエントと戦つたが其の時も支配人の青山某とか云ふ男が旅費の先借りをやつて其を持ち逃げたとかの噂である」。「青山」とは福島でスークアミッシュの広報役だった「青木」の間違いかもしれない。

チーム最後の生存者ウェブスターは1991年92歳で他界したが、晩年、『シアトル・タイムズ』のインタビューに、「興行師は最初のペイデイのあと姿をくらました。そのあとの二か月間は残された自分たちで試合を設定し、あちこちを巡業して回った」と証言した。どの時点で増子がチームから逃げたのかは不明である。

京都でのオリエント戦が、筆者のリサーチで見つけることができたスークアミッシュの最後の試合だった。その後は試合相手もなく、インディアン・チームはいよいよ苦境のどん底に追い詰められていた。

一行は大阪市南区日本橋南詰の三国旅館に滞在していた。宿泊10日が経過したが宿代が支払われないことを不審に思った旅館はスークアミッシュの選手に1200余円を請求した。『大阪毎日新聞』（10月14日）が「悪い興行師に引つ懸つた哀れなインデイアン野球団」の見出しで次の記事を掲載している。宿代請求に対してのインディアン側の弁である。

野球団（スークアミッシュ）では自分の知る所ではない　自分等を連れて来た益子《ママ》松島両氏から支払ふ筈だ　自分等は買はれて来たので一切金の事は知らぬとて事の意外に打驚くと云ふ始末

興行師の増子が旅館に姿を見せることはなかった。増子の、いわばスポンサー的存在だった「大阪千日土地会社でも遂に〔増子に〕愛想をつかし」たようだった。たまりかねた旅館では警察に相談し、10月12日、所轄の島の内署がスークアミッシュのキャプテンらを呼んで調べる事態となった。「野球団の方では今日まで約束の報酬も呉れないのみならず帰米の汽船賃もない」。それどころか実は、食べる物にも事欠く始末だった。スークアミッシュ選手は帰国して、その窮状を家族に打ち明けている（『タコマ・ニューズ・トリビューン』２００3年3月23日）。

途方に暮れたスークアミッシュ一行は10月13日、ついに神戸のアメリカ領事館に助けを求めて駆け込み、なんとか帰国の船に乗ることができた。１２００円がどのような解決を見たかは不明である。

「イヤ大変な目に会ひました」

10月21日、神戸港を発った大阪商船あらびあ丸は、北太平洋で台風に遭遇しながらも11月11日夜、ビクトリア港に到着した。12名にとっては3か月ぶりの帰国である。

バンクーバーの日系紙がビクトリアに帰ってきたメンバー（不明）の第一声を伝えている。

「イヤ大変な目に会ひました　私は日本に憧憬して居た一人でしたが今度の旅行で大分私の期待に逆きました、大阪人は商売上手と云ふのか、ズルイと云ふのか大阪滞在当時は真実に癪に障つて仕方ありませんでした……大阪に居る時だつても少しく紳士的に待遇して下さつたなら私等はどんなに感謝した事でせう」（『大陸日報』11月12日）

日本遠征の戦績は、日本の新聞等で確認できたのは12勝3敗1分だけである。しかし、『シアトル・デイリータイムズ』（11月15日）など地元紙は帰国時に16勝3敗1分と報じている。筆者には探し出せなかったが、一行は他の町をいくつも回って食いつないでいたのだろう。

スークアミッシュと同時に来日した白人のチーム、カナディアン・スターズは同じ増子のマネージメントだったが、強豪チームだったことがまだ救いだった。そのため、日本のトップチームとの対戦に恵まれ、早慶明に5勝2敗、関西のスター倶楽部、ダイヤモンド倶楽部、大毎には3戦全勝。調べてみると、判明する分だけで29試合20勝5敗4分とすばらしい戦績を残している。しかしこちらも、増子に逃げられ、経済的トラブルを抱えていたのはスークアミッシュの場合と変わらない。「準商売人（セミプロ）加奈陀野球団も招聘者増子に逃げられ如何に試合して〔も〕、旅費は出ず、マネーヂヤーの澤某が自分の邸宅を売り之に各大学から醵金を合わせて漸く帰国したといふ」（『大北日報』12月19日）。強力チームだっただけに、スークアミッシュと違って、対戦相手などから助けの手が伸びたということだろう。

スークアミッシュの場合、東京での惨敗で評価を早々と固定され、来日チームのラッシュ状況からはじき出されていては、地方都市の中学やアマチュアチームにいくら勝ったところで、最後までチームへの評価が変わるはずはなかった。不安視された興行師に「案の定」（『大北日報』）見捨てられ、散々な目に遭わされた遠征だった。

　スークアミッシュ捕手ウェブスターの娘マリリン・ウォンドレーによれば、「父はたくさんのいろんな人と出会った。どこにもいい人もいれば、悪い人もいるものだ」が口癖だったという（『シアトル・タイムズ』91年10月15日）。

スークアミッシュ・インディアンズの戦績（判明分）

	日付	勝敗	スコア	対戦相手	球場
①	8月28日	●	10－0	明治大学	三田綱町球場
②	8月31日	●	20－0	カナディアン・スターズ	三田綱町球場
③	9月3日	●	16－0	慶応大学	三田綱町球場
④	9月12日	△	2－2	龍ヶ崎中学	龍ヶ崎中学グラウンド
⑤	同	○	12－3	オール龍ヶ崎	龍ヶ崎中学グラウンド
⑥	9月15日	○	7－0	オール水戸	水戸中学グラウンド（7回）
⑦	同	○	10－1	茨城県立商業学校	水戸中学グラウンド（5回）
⑧	9月17日	○	19－2	宇都宮倶楽部	宇都宮市立南校グラウンド（8回日没）
⑨	9月18日	○	9－1	オール福島	福島中学グラウンド

⑩9月19日　○　11－7　コンマーシャル倶楽部　新潟野球協会グラウンド
⑪9月20日　○　5－0　オール新潟　新潟野球協会グラウンド
⑫9月22日　○　18－3　オーロラ（4回）　新発田・第16連隊営前練兵場
⑬　同　○　3－1　蒲門　新発田・第16連隊営前練兵場
⑭9月28日　○　4－3　布哇日本　同志社グラウンド（8回）
⑮10月1日　○　9－4　布哇日本　豊中球場
⑯10月9日　○　12－2　京都オリエント倶楽部（6回）　岡崎公園球場

（○＝勝ち、●＝負け、△＝引き分け）

このほかに、9月25日に福島・石城中学グラウンドで、平野野球倶楽部と石城中学とのダブルヘッダーを戦ったはずだが、翌日の地元紙『福島民報』が欠号となっており、実際に試合が行われたのかどうか、もし試合をしたとしても、その結果については不明のままである。

日本運動協会が招聘したインディアン・チーム

もうひとつの来日インディアンのチームは、南カリフォルニアのシャーマン・インディアンズ（Sherman Indians）だった。河野安通志、押川清、橋戸信ら早稲田出身者が作って間もない日本初のプロチーム、日本運動協会の招聘によるものだった。

シャーマンはスークアミッシュから遅れること、1か月余り、9月29日大阪商船メキシコ丸で横浜港に到着した。このときすでにカナダとアメリカ本土・ハワイから5チームが来日していて、日本球界はすでに外来チームとの試合に食傷気味の感があった。

シャーマンの日本遠征を立案したのは移民一世のハリー税所篤義。カリフォルニア州中部ファウラーの日系球界の古株である。1909年にロサンゼルスで一世のチームJBBA（Japan Base Ball Association）があらたに組織され、税所はそこの捕手をしていた。このJBBAのキャプテンが早稲田卒業後アメリカに渡った橋戸信だった。しかし、新設JBBAは第1戦でカリフォルニア州リバーサイドのシャーマン・インディアンズに挑んだものの、0－14の大敗を喫し、出ばなをくじかれた。JBBAはその2年後、北米中西部への4か月におよぶ「東部遠征」（カリフォルニアから見て東部）を行っている。当時の日系チームとしてはカリフォルニア以東への野球遠征は画期的なことだった。つまり、シャーマン・インディアンズの日本行きは、税所と橋戸・河野の早稲田コネクションが実現させたと推測される。

4日後の日本遠征出発を前にした9月4日、ロサンゼルスのホワイトソックス・パークで壮行試合が行われ、シャーマンは一線級5選手を欠きながら、南カリフォルニアの日本人オールスターズに16－11で打ち勝っている。

日本の新聞報道によると、税所が率いたチームは、キャプテンのジェームズ・アレグザンダーらシャーマン学校の卒業生10人とのことである。一行は、東京では新橋の丸屋旅館に宿泊し、完成したばかりの日本運動協会専用グラウンド「芝浦球場」で1週間の練習を重ね、その後、関西に向かった。

10月7日夜8時27分、シャーマン・インディアンズを乗せた東京発下関行き列車が梅田駅ホームに到着した。10月8日の『大阪毎日新聞』朝刊は、シャーマン一行の大阪入りと日本での第1戦を「本日午後三時　黒人軍対スター　豊中運動場における大野球戦」という見出しで報じた。本文書き出しは「昨日来阪したシヤーマン・インデアンの黒人軍は本日を以てスター倶楽部と第一戦を交へる……如何に強きか、獰猛を以て聞えた黒人軍の手腕を見よ」とある。記事の小見出しは「見るから物凄い黒人軍の来襲　光る眼＝恐しい腕力！」、さらに「飽まで頑強な『肉の塊』とギラ〳〵光る眼だけでもゾツとする程の猛者揃ひである」。チーム写真のキャプションは「獰猛な顔を並べた黒人軍」と物々しい。

記者が「ようこそ、皆さん」と歓迎すると、主将のアレグザンダーが「真黒な顔に白い歯をむき出してニコ〳〵し乍ら『サンク・ユー』と大きな手で記者の手を握りしめた、その握力の強さはまた別物で宛ら手が千々に砕ける痛さである　あの恐ろしい力で投げ付けられた球のスピード、バツトの凄じさは――殊に真黒に輝くあの一群の面相がグラウンドの上に血走つて立つた時、戦ひはどんなにか凄愴味を帯びることであらう」

アメリカ・インディアンを「黒人」と書き、「獰猛」とまで形容するのは、よほどの強豪チームと強調したかったからだろう。『大阪毎日新聞』は関西でのシャーマン戦の後援者でもあった。ただ河野安通志だけは「強味に就ては唯強いと云ふ噂より外に私も余り深く知りません……投手の一人と捕手と中堅は非常に優れた腕を持つて居ます」と冷静だった。東京での練習を見て、すでに評価を下していたのだ。

早稲田が日本初の渡米チームとなった1905年、エース〝アイアン・マン〟河野はカリフォルニアでシャーマン・インディアンズを5安打（*Sporting Life* は7安打）に抑えたことがあった（12－7）。この試合に出場したカウィーア族のジョン・トーテス（John Tortez）は、完投河野から二塁打を放っている。トーテスは1909年にチーフ・マイヤーズ（Chief Meyers）の名前で大リーグに上がり、打てるキャッチャーで売り出した。ジョン・マグロー監督のニューヨーク・ジャイアンツではナショナル・リーグ3連覇の立役者の一人となった。

シャーマンの日本での戦績

日本の野球雑誌、スポーツ年鑑、各地の新聞などにあたってみたが、1921年来日時のシャーマン・インディアンズの試合情報は限られたものだった。判明したのは次の8試合（2勝6敗）。雨にたたられ試合中止が続き、その上、シャーマンが「プロ」と見なされたことにより、日本の大学チームが対戦を敬遠したことが、試合数が少ない理由だったと言われる（『南加日本人野球史』）。

シャーマン・インディアンズの戦績

日付　勝敗　スコア　対戦相手　球場

①10月8日　●　1－3　スター倶楽部　豊中球場
②10月9日　●　3－7　ダイヤモンド倶楽部　豊中球場
③10月10日　●　6－10　大毎野球団　鳴尾球場
④10月15日　●　5－6　シアトル朝日　芝浦球場
⑤10月16日　○　2－1　立教大学　芝浦球場
⑥10月17日　●　6－7　三田倶楽部　芝浦球場
⑦10月22日　○　6－5　商友倶楽部　横浜・中島グラウンド
⑧10月28日　●　1－2　早稲田大学　芝浦球場

（○＝勝ち、●＝負け）

第1戦、10月8日、豊中球場。シャーマンは神戸の実業団、スター倶楽部を相手に1－3で敗れた。スターは3回に死球と2安打を連ね1点。5回に敵失と犠打で1点。7回にも三塁打と敵失でまた1点を追加し3点。シャーマンは7回2死から5番ウェブの左中間へのランニングホームランで1点を返すにとどまった。

シャーマンの先発クルーズは、被安打4、奪三振15、四死球1と好投を見せたが、味方の失策5に足を引っ張られた。

翌日、関西での第2戦の相手は、もう一つの実業団、ダイヤモンド倶楽部。前日の接戦を知って、日曜日であることもあり、好ゲームを期待した多くの観客を集めた。ダイヤモンドが先行し、シャーマンが追いかけるかたちで、6回に1点差まで迫ったが、8回にダイヤモンドの小野三千磨の本塁打のほか三塁打2本が飛び出し、長打攻勢の前にシャーマンはまたもや敗れた（3－7）。

第2戦以降は毎試合、シャーマン側の選手不足、実力不足を、山本栄一郎、片岡勝、大賀六郎ら日本運動協会の養成選手が埋めた。第3戦相手の大毎との試合、シャーマンは2回に6番ジムの右翼安打から先制点を挙げ、積極的に攻めた。その後、逆転されても、6回には四死球にヒット、犠打をからめ、2点。5－4と再逆転に成功した。しかし迎えた8回表、大毎は無死満塁のチャンスに内海寛の一塁手の頭上を抜くヒットから猛攻に火がつき、シャーマンはここで投手を先発ウェブからマーチンに代えたが、なす術無く、再々逆転で試合を失った（6－10）。

関西の実業団3チームとの3連戦は主戦投手クルーズの好投もあり接戦に持ち込んだこともあったが、一歩及ばなかった。

大毎戦後、シャーマンは東京に移動した。まず来日中のシアトル朝日戦。シャーマンは2－6と4点を追う9回裏に4安打で3点と食いさがったが、反撃もここまでだった。

翌10月16日の立教戦で、来日以来はじめての白星を飾った。1－1の同点の8回、シャーマンが1死後ジムのセンター前、ウェブの二ゴロで二進。ブラボーのセンター前タイムリーでジムが生還し、決勝点を挙げた。シャーマン投手ジョニーは6安打、7三振、2四死球で完投。

翌17日の三田倶楽部戦、敗れはしたが、補強の日本運動協会選手の活躍が目立った一戦となった。5回に代わった山本―片岡のバッテリーがその後零封し、3－7の4点ビハインドで迎えた9回裏、片岡のヒット、山本の二塁打で1点差に迫ったが、届かなかった。バッティングでも山本、大賀、片岡の3選手が、シャーマンの11安打のうち6安打を記録した。

このあと、10月22日、横浜商業の倶楽部チームを接戦のすえ6－5で下し、日本での2勝目を飾った。

10月28日、早稲田戦。シャーマンのエース、クルーズの軟投に、さすがの早稲田も苦しみ、2安打に抑えられ、三振8を喫した。しかし、シャーマンは早稲田投手・堀田正を打てず、わずか1安打に終わり、1－2で敗れた。

シャーマンは東京にもどってからは、補強選手の働きもあり、5試合すべてが1点差で決まるという接戦を演じたが、それでも得点力不足は否めなかった。米国西海岸ではプロを除いては敵無しとの前宣伝が伝わっていただけに、この結果には日本の野球ファンも看板倒れとの評価を下さざるをえなかった。

シャーマン・インディアン博物館にて

ロサンゼルスからフリーウェイ（高速道路）に乗って東に2時間走ると、リバーサイド市に入る。果実の研究で知られるカリフォルニア大学リバーサイド校はこの市の東のはずれにある。

野球でいえばダスティ・ベーカーとバリー・ボンズの生まれ故郷だ。市の東西を貫くマグノリア通りにあるシャーマン・インディアン博物館を訪ねた。小さな木造平屋の博物館は民家ほどの大きさでしかない。手作り風の展示室が3部屋。博物館の裏手には、敷地続きで広大なグラウンドを有するシャーマン・インディアン・ハイスクールがある。

そのハイスクールの歴史は、1892年、リバーサイドの南30キロの町ペリスにシャーマン・インスティチュートとして創立されたインディアン学校に始まる。1903年にリバーサイドに移転。インディアン学校は、先住民の子どもたちを「文明化する」という名目で連邦政府の政策の下に作られたものだった。1970年代には正規の高校として再出発したが、現在でも「インディアンの血統が4分の1以上」あることが入学要件となっている。

博物館は、移転当時の建物の中で現存する唯一のものであり、以前は学校本部として使われていた。よく誤解されるのだが、シャーマンという名前のインディアン部族があるわけではない。「シャーマン」は学校設立に功績のあった連邦下院議員ジェームズ・シャーマンの名前に由来し、カリフォルニア内外の保留地から集められた多部族の子どもたちが寄宿舎生活を送っていた。1920年ごろの生徒数は800を超え、男女ほぼ同数。フットボールなどスポーツ強豪校として知られ、野球でも南カリフォルニア大学やポモナ大学との熱戦が地元紙をにぎわせた。

博物館を訪れて一番驚いたのは、そこのスタッフ全員にとって、1921年にシャーマン・

シャーマン博物館のボランティアスタッフ、ゲーレン・タウンゼンド（左）とハッティ・カボティ・ロマイェスバ（著者撮影）

ハイスクール卒業生の野球チームが日本に遠征した話など寝耳に水だったことだ。とりあえず学校年鑑や学生の在籍記録など博物館にあった史料を片端から当たることにした。

自身も卒業生で、博物館ボランティア学芸員ゲーレン・タウンゼンド（パイユート族／ショショニ族）、同高校の元教師で同じくボランティアのハッティ・カボティ・ロマイェスバ（モハービ族）らスタッフ総掛かりで丸2日間かけて探したが、遠征チームについての記録は一つも出てこなかった。

「選手たちが卒業生のために、学校には遠征チームの情報が届いていなかったのではないか」とタウンゼンドがポツリと言った。

実のところ、日本の新聞などの報道からは、メンバーの名前は名字のカタカナ表記しかわからなかった。しかも新聞ごとに表記がマチマチだったために、英字表記を容易に想像できない。博物館を訪れたが、そこでも選手名はわからなかった。そのため博物館から10キロ離れた街中のリバーサイド市立図書館を訪れ、ライブラリアンのルース・マコーミックの協力を得て、地元2紙『デイリープレス』と『インディペンデント・エンタープライズ』（ともに9月12日）の遠征送別記事を見つけ出し、6選手の名前を英字で割り出すことができた。

そのおかげで博物館所蔵の内務省インディアン局の学生在籍記録の中に遠征メンバー2人の名前を確認できた。その一人、日本で二塁と外野を守ったハリー・ジムはコロラド州ミッションン族出身、1916~17年に在籍したが中途退学生だった。外野手のハーモン・ツイストはアリゾナ州モハービ族出身で、1918~19年に在籍していた。

記録欄にはこの二選手とも「F」の印がついていた。これはアメリカ・インディアンのフル・ブラデッド（純血）を意味する。日本の新聞に「黒人」と書かれたのは肌の色のためで、アフリカ系アメリカ人という意味ではない。『大阪毎日新聞』だけではなく、新聞各紙は、とくに記事の見出しに「黒人」を頻繁に使った。

ちなみに先に述べたスークアミッシュ・インディアンズの場合は、12人中8人がフル・ブラデッドと紹介されている。しかし来日したスークアミッシュ選手は、「内地にて予想されたが如き黒人団ではな」かった（『中央新聞』8月23日）。そのため、新聞報道でスークアミッシュが「黒人」と書かれることはまずなかった。当時の日本では「黒人」とは肌の色を示すもので、「アメリカ・インディアン」とは何かは理解されていなかったのである。

博物館所蔵の学校新聞『シャーマン・ブレティン』には野球部の記録も残されており、1918年5月22日付には、外野手ツイストの18年シーズンのスタッツが次のように記されている。

右翼手、4試合、3盗塁、5刺殺、0捕殺、1失策、打率・833

在籍記録が見つかったのは、この2選手のみ。来日選手がすべてシャーマン・インスティチュートの在籍学生だったのか元学生だったのかどうかは、結局のところわからなかった。

リバーサイド市立図書館で調べても、地元紙にはチームの帰国記事はない。しかし、サンフランシスコの日系新聞『日米』と『ロサンゼルス・タイムズ』は、1921年11月22日、3か月の日本遠征を終えたシャーマン・インディアンズ一行が東洋汽船波斯丸（ペルシャ丸）の三等でサンフランシスコ港第34埠頭に到着したと報じている。そこには日本での戦績が「8戦4勝4敗」とあるだけで、具体的な試合の日時、対戦相手、得点など知りたい情報はない。すでに述べたように、日本の新聞・雑誌を調べて判明した戦績は8戦2勝6敗である。6敗したのが確認できるので4勝はありえない。遠征出発時に、「西海岸でプロに匹敵する強さを誇り、かならず日本球界を脅かすことだろう」と送り出された手前、一行にとって胸を張っての帰国とならなかったことが偽りの勝敗数に影響したのだろうか。

結局、シャーマン・インディアンズの日本遠征の背景とその目的については、当のカリフォルニアにも情報はほとんどなく、詳細は不明のままである。

投手クルーズは、帰国した船の甲板で出迎えた日系新聞『日米』のインタビューに答えている。「東京では早大及び三田チームに会つて対戦し大阪ではダイヤモンド及びヲール、スターには苦しめられた、日本運動倶楽部《ママ》が〔契約通りに〕凡ての経費を払つて呉れた上に一名に二百弗宛金を呉れたので満足した、日本の旅行は実に愉快、将来亦た行き度いと思ふ」

スークアミッシュが地方に与えた野球ブーム

奇しくもほぼ同時期に来日した2つの北米インディアン・チームは、日本の野球界では相次ぐ来日チームの中で、アメリカのチームとしてはともに弱く、目立つ存在とはなりえず興行は失敗に終わった。しかし、両チームの明暗をハッキリ分けることになったのは、スポンサーの違いだった。日本運動協会に招かれたシャーマン・インディアンズは帰国時、「実に愉快、また行きたい」と話した。同時期に来日したスークアミッシュ・インディアンズのように路頭に迷う米国チームも出た中で、日本運動協会から約束通りの報酬が支払われたことの意味は大きい。当時の大金200ドルがインディアン選手たちにとって、どれだけ強力な日本行きのインセンティブになっていたことか。それだけは間違いない。

興行師に騙された格好のスークアミッシュ・インディアンズは「イヤ大変な目に会ひました」と口にするほどのひどい経験をした。2つのインディアン・チームは10月10日前後にともに大阪に滞在していたが、対戦することはなかった。

先に述べたように、1921年の来日チームラッシュは日本球界に「試合過多症」という弊害をもたらしただけではなく、主役であるはずの来日チームの選手たちに肉体的精神的な苦痛を強いることにもなってしまった。ただ、スークアミッシュ・インディアンズの来日もネガティブにだけ語られるものではないだろう。1920年代初頭は、あたかも日本全国が野球ブームの上げ潮にあったと見られがちだが、都市を離れると外国チームを迎えての試合は希有な機会だった。スークアミッシュ・チームが、日米野球にはまったく縁遠かった町々に野球ブームを運んできて、ファンに楽しさと喜びを与えたのは確かだろう。そのことは図らずも、野球がけっして東京の大学や関西の実業団だけのものではなく、全国各地に裾野が広がっていた隆盛振りを物語っていることにならないだろうか。

1番ショート、ハーバート・ノーマン

アメリカからきた女子プロチーム

明治期からの日米間の野球チーム往来史を調べてみると、1920年代には大正時代の自由な気風の影響か、その交流は俄然活発になったことがわかる。日本からは大学チームに加えて、春のセンバツ優勝チームの渡米がある。アメリカ本土やハワイからはプロ、セミプロ、大学など多彩で、しかも日系人、黒人など人種もさまざまな野球チームがつぎつぎとやってきて、日本各地のグラウンドをにぎわせた。その数、20年代だけで30を上回るが、中でも唯一の女子プロ野球チームが、1925年に来日したフィラデルフィア・ボビーズである。

しかしこのボビーズという女子チーム、話題になったわりにはあまりにも弱すぎて、日本の野球ファンを球場に呼べるだけの力をもたなかった。試合興行は完全に破綻し、チームは神戸で分裂した。チームを率いてきた元大リーガー二人は自分たちを慕う女子選手3名と、日本で調達した日本人男子選手とともに新チームを編成し、朝鮮への巡業へと旅立ってしまった。その一団と袂を分かった女子選手10名は帰国したくとも船賃もない苦境に立たされた。途方に暮れて神戸のホテルに足止めを食らっていたが、その間に、たった一度、残留した女子選手10名だけで試合をしていることがわかっている。

1925年11月17日、ボビーズは、神戸市外・関西学院グラウンドで、地元神戸の外国人学校カナディアン・アカデミーのチームと対戦した。ボビーズを宿泊させていたホテルの経営者がカナディアン・アカデミーの後援者だったことから対戦が決まったと思われる。この試合、ボビーズは、カナディアン・アカデミーに34－3という驚くべき大差で敗れたものの、神戸の在留外国人が窮地に陥っていた女子選手たちに援助の手を差し伸べてくれたおかげで、試合翌日、無事に帰国の途に就いた。

私は、1991年の夏、このときのボビーズの選手の一人、ロレッタ・スティックス・ジェスター＝リプスキーにインタビューしたことがある。私がジェスターと会ったのを聞きつけて、すぐに女子野球研究者バーバラ・グレゴリッチがボビーズ日本遠征の情報を求めて連絡を取ってきた。グレゴリッチにジェスターのインタビューテープや日本での試合情報を提供するなど協力し、グレゴリッチは著書 *Women at Play*（1993年）を、その後、雑誌 *North American Review*（1998年）に記事"Stranded"（野球用語では「残塁」の意）を発表した。これが、これまでにボビーズの来日についてもっとも信頼できる実証的研究成果である。

ボビーズの日本遠征は、アメリカからのはじめての女子チームだったということ、残留した選手の一人が帰国時に嵐で船のデッキから海に転落死したという悲劇的な結末を招いたことなど、当時の来日チームが直面した諸問題を探るには格好の題材だ。そしてこのボビーズとカナディアン・アカデミーとの試合が、以下の話へと導いてくれたことをここで強調しておく。

カナディアン・アカデミーのトップバッター

ボビーズ対カナディアン・アカデミーの試合経過はどこにも報道されていないが、英字新聞『ジャパン・アドバタイザー』（11月18日）には、両チームのラインナップが記載されている。そこでカナディアン・アカデミーの1番バッターの名前を見たとたん、ハッとした。もしや、と思った。

「遊撃手H・ノーマン」

一方、同日の『ジャパンタイムズ・アンド・メール』にはカナディアン・アカデミーのチーム写真が掲載されている。すぐにノーマンの伝記本を手に入れて、そこにある子ども時代の顔と、『ジャパンタイムズ』にあるチーム写真のこの選手の顔を見比べてみた。間違いなく同一人物である。このノーマンこそ、のちの駐日カナダ代表部首席、そして日本近代史研究者として知られるE・ハーバート・ノーマンだったのである。『日本における近代国家の成立』（1947、原著1940）、『日本における兵士と農民』（1947、原著1943）などの名著を残した。

ノーマンは1909年9月1日、長野県軽井沢のカナダ人一家に生まれ、日本人の子どもたちと遊びながら長野市で育った。父ダニエルはメソジスト教会の宣教師、母キャサリンも布教活動を手伝っていた。姉グレースと兄ハワードの二人は11歳になると、神戸のカナディアン・アカデミーの寄宿舎に入った。ハーバートもそれに倣って１９２０年にアカデミーに入学した。

カナディアン・アカデミーは７つの宣教師組織が共同で後援する外国人学校として、１９１３年、宣教師の子どもの教育目的に創立された。その後、宣教師の家庭の子どもは少数派となり、１９２４年3月27日付の『ジャパン・アドバタイザー』によれば94人、ビジネス関係の家庭の子どもが１１２人に増えていた。校舎は１９２２年に新設され、それまで使用されていた2つの建物は寄宿舎となった。野球チームの監督を務めるG・R・テンチは牧師。数学、聖書学、ギリシア語を教え、生徒に慕われる校長でもあった。

カナダ・バンクーバーにあるブリティッシュ・コロンビア大学アービング・K・バーバー・ラーニングセンター内にあるスペシャルコレクションズ図書館を訪ねた。そこに、ノーマンが神戸のカナディアン・アカデミー時代に、すでに卒業して長野やカナダにいる姉と兄に宛てた書簡が保管されているからだ。

12歳のノーマンがカナダ在住の姉グレースに宛てた手紙（１９２２年4月25日付）は、この夏は速記の勉強をするとか、歴史、聖書学、算数の3科目のハイスクール入学テストにパスしたこと、しかも平均89点という高得点だったことなど自慢げに報告する内容である。だが手紙の冒頭を飾ったのは野球の話題だった。「僕たちは野球を1試合やって、勝ちました。御影中学第一チームを7－2で破ったのです。僕たちは東京シリーズに備えて、もっとたくさん試合をする予定です」

ハーバート少年にとって、この頃にはすでに野球が特別のものになっていたようだ。

1923年4月には、ノーマンは両親と兄ハワードとともに日本を発って1年間の世界周遊にでかけた。中国からインド洋を経てヨーロッパを巡り、カナダに渡った。一家は翌24年に日本に戻り、ハーバート・ノーマンはカナディアン・アカデミーに復学した。

ノーマンはカナディアン・アカデミーでは野球とバスケットボールの選手、テニスでは主将を務めた。優等生であっても、クラスメイトにジョークを飛ばし、1925年5月、カナディアン・アカデミーが開く、オペレッタ「ベティズジレンマ」ではジャック役で出演するなど活発な学校生活を送った。「活き活きした機知と明朗な性格の学生」だったのである（「覚書ハーバート・ノーマンの生涯」）。

ビッグイベント「東京シリーズ」

ノーマンが手紙に記した「東京シリーズ」とは、神戸のカナディアン・アカデミーと東京のアメリカン・スクールとの外国人学校同士の野球対抗戦のことである。

両校は地理的に遠く離れてはいたが、毎年春に、交互に場所を変えながら野球の定期対抗シリーズで競い合ってきた文字通りのライバルであった。その対抗戦が始まったのは1921年

4月。各年とも2戦先勝方式で行われ、5年間で多く勝った方がペナントを握る取り決めがあった。これまで21年と24年をアメリカン・スクールが取り、22年と23年はカナディアン・アカデミーが勝ち、両校2勝ずつで並んでいた。

東京のアメリカン・スクールの歴史は神田のYMCAを間借りして開校した1902年に始まる。増加する入学希望者に対応するため規模をしだいに拡大し、築地に移転。さらに1921年1月には芝浦三号地に新校舎を完成させた。しかし1923年の関東大震災で被災し、芝に移っていた。アメリカン・スクールは初等・中等学校（12年制）で、総数約130人。アメリカ人にかぎらず日本人、カナダ人、中国人、イギリス人など各国の子どもが通っていた。

両校生にとって対抗戦がどれほどの重大行事だったのだろうか。たとえば、アメリカン・スクール校長アレン・ハンセンは野球シーズン閉幕に際して、選手や関係者26人が出席してのディナーで、「神戸との恒例のシリーズはあまりにビッグイベントになり過ぎた。アメリカン・スクールにとって、教育が第一、スポーツはその次であるべき」（『ジャパン・アドバタイザー』25年12月16日）と過熱気味のライバル関係の沈静化に懸命だった。

世界旅行から戻ったハーバート・ノーマンは第5回1925年5月シリーズから出場した。グラウンドは正確には、神戸市と西灘村との境界線の西灘村側に位置する原田の森にあった関西学院のグラウンドである。

カナディアン・アカデミーは卒業によって前年から3選手が抜けたが、下級生によってその穴を埋めることができた。その結果、カナディアンは4月28日に神戸在住外国人の成人クラブKR&AC（Kobe Regatta and Athletic Club）に0－10で大敗したが、少なくとも守備には合格点が付けられた。コントロールが良いエリック・ベシーとジェラルド・クラッグの両投手を擁し、チームの守備、打撃ともに前年チームよりも強化された。とくに攻撃力は50パーセントアップとカナディアンの前評判は上々だった。

一方のアメリカン・スクール監督エドウィン・タナーは新任。しかも前年のチームから残ったのはわずか4選手で、とくに卒業により主軸投手を失った戦力低下は否めなかった。タナーはチーム編成の時間がほしいと試合日程の3週間延期を一時申し出ていたほどだった。ライバル戦向けに急造チームをやっと仕立て上げたのである。そのため1925年5月シリーズは、カナディアンの絶対優勢と見られ、アメリカ・チームにすれば、負けを覚悟の神戸行きとなった。

第1戦は5月7日午後3時半開始。予想どおりカナディアン打線が爆発、アメリカン先発スタンレー・スニードを19安打で攻略。投げてはクラッグが2安打に抑え、カナディアンが18－4で快勝した。奪三振はクラッグ14、スニード8。1番レフトで出場したノーマンは、大量10点が入った3回裏の攻撃、レフトへの二塁打で出塁し、そののち先制のホームを踏むなど、この日、6打数2安打、2得点。

アメリカン・スクールが得点出来たのは6回の4点だけだった。これは安打と四球に加えカナディアン・アカデミーの3失策のおかげである。カナディアンもけっして褒められる試合内容とは言えない。

第2戦は雨で1日延びた5月9日。カナディアンが圧倒した強さを見せて22－4で連勝した。カナディアン投手ベシーはアメリカン打線を散発5安打に抑え込んだ。アメリカンは3投手をつぎこんだが、ヒット16本に加え、エラー15個が絡んで、カナディアンの攻撃が永遠に続くかと思わせるほど一方的ゲーム展開になった。ノーマンは3回裏1死一塁の場面の守備で、左中間を襲った打球に向かってフルスピードで飛びつきランニングキャッチ。すぐに中継の投手ベシーから一塁のラルフ・ウィルキンソンにボールが渡り、一塁ランナーを刺した。ダブルプレーが成立すると、ファインプレーのノーマンは見物人から万雷の拍手を浴びた。

バッティングでもノーマンは7打数4安打。安打数はこの試合トップ。2得点、3盗塁。守備では4刺殺、1捕殺。盗塁はカナディアン20、アメリカンは7。あまりにカナディアンの攻撃に時間がかかり、当時の野球の試合としては異例の2時間45分におよんだ。

カナディアンは先発2本柱が期待通りの活躍で、アメリカンに圧勝。1925年5月シリーズを取り、5年にわたる対抗戦シリーズのペナントを獲得した。

1925年5月シリーズ　神戸市外・関西学院グラウンド　（通算：カ3、ア2）

5月7日（木）第1戦　カナディアン　18－4　アメリカン

		得点	安打	失策
ア	000　004　000	4	4	7
		2		5

カ	0 0 10	1 0 1	6 0 ×	─18	19─20	5─3

（カ）クラッグ─アームストロング　（ア）スニードーヘックルマン

Japan Advertiser, *Japan Chronicle*. 安打と失策について上段の数字は*JA*、下段は*JC*

5月9日（土）第2戦　カナディアン　22－4　アメリカン

				点	安	失
カ	4 4 0	0 3 8	0 1 2	─22	16	4
ア	0 0 0	2 0 0	0 2 0	─4	5	15

（ア）トドロビッチ、スニードーヘックルマン、ハタイ　（カ）E・ベシー─アームストロング

Japan Advertiser, *Japan Chronicle*

ハーバート・ノーマン

	打順	守備	打数	得点	安打	刺殺	捕殺	失策
第1戦	1番	左	6	2	2	0	0	0
第2戦	1番	左	7	2	4	4	1	0

家族に宛てた手紙

ノーマンは、5月シリーズを勝ち取ってからのチーム状況について、長野とカナダの家族に

長々とした手紙をしたためた（1925年6月1日付）。

1925年5月シリーズ後、カナディアン・アカデミーは5月26日、強豪KR&ACと戦いました。KR&ACは、YC&AC（横浜の外国人クラブ、Yokohama Country and Athletic Club）や当地の強豪チームを相手にほぼ負けなしです。われわれは4月28日には9－0（『アドバタイザー』は10－0）で惨敗しましたが、今回はその時よりも善戦し、4－3の惜敗。9回2死、走者がいる場面で1本ヒットが出ていれば少なくとも同点にできるまで追いつめることができました。おかしたエラーは2個のみ、どちらも強烈な打球でした。テンチ監督はカナディアン・アカデミーの最高の試合だったと言っています。

続けて、5月29日（金）、プレジデント・ジャクソン号（アメリカン・オリエンタル・メール汽船会社の客船）の乗組員チームに7－6で惜敗。三塁手のケガで「僕がいつものレフトからサードにまわった。僕にとっては厳しい守備だったが、幸運にもエラー1個で乗り切りました」。翌5月30日（土）、カトリックのYMAに圧勝（22－6）。「僕は三塁に3度残塁となり、フォースアウトも2度、それとフライアウト、三振でした」。

都合3試合の試合内容と自分のプレー振りを報告している。

「これでわれわれの〔今年の〕チームは解散になり、新チームがスタートします。11月の東京行きの準備はできています。東京チームは神戸で惨敗したことで、今度はわれわれを打ちのめそうと狙っています」。手紙の最後でノーマンは、「こんな野球の話ばかりで読む気がしないのではないかと思いますが、これが僕がお知らせすべきと考える重大ニュースなんです」と結んでいる。

6月始めにはもう11月シリーズを見据えていた。なぜ11月なのか。5年間のシリーズはカナディアンの勝ちで決着がついたのだが、対抗戦はさらに続くことになった。ここまで毎年春に定期的に開催されていたが、カナディアン・アカデミー理事会が、この時期は期末試験に支障があると変更を促し、1925年11月にはじめて秋の開催が決まったのである。

11月東京シリーズへ

カナディアン・チームが女子プロチームのフィラデルフィア・ボビーズを粉砕してから1週間後の11月24日、テンチ監督と選手15名は三宮駅で盛大な見送りを受けて東京へ出発した。少年たちは抱えきれないほどのチューインガムなど菓子のプレゼントと一緒に乗り込んだ。スクールソングが見送りの一団から湧き起こる中、汽車はホームを離れた。カナディアン・アカデミーがボビーズ戦で容赦なく攻撃を続け大量点をたたき出したのは、東京での対抗戦を控え、ボビーズをアメリカン・スクールと仮想して攻撃の手を緩めなかったからだ。

今回のシリーズに臨み、こんどはカナディアン・アカデミーが5月シリーズからの5人を減らし（うち卒業は1人）チームに大きな穴が空いた。その中には主軸投手2人、ベシーとクラッグが含まれていたため、あらたに2選手が投手にコンバートされた。小柄な三塁手の左腕グ

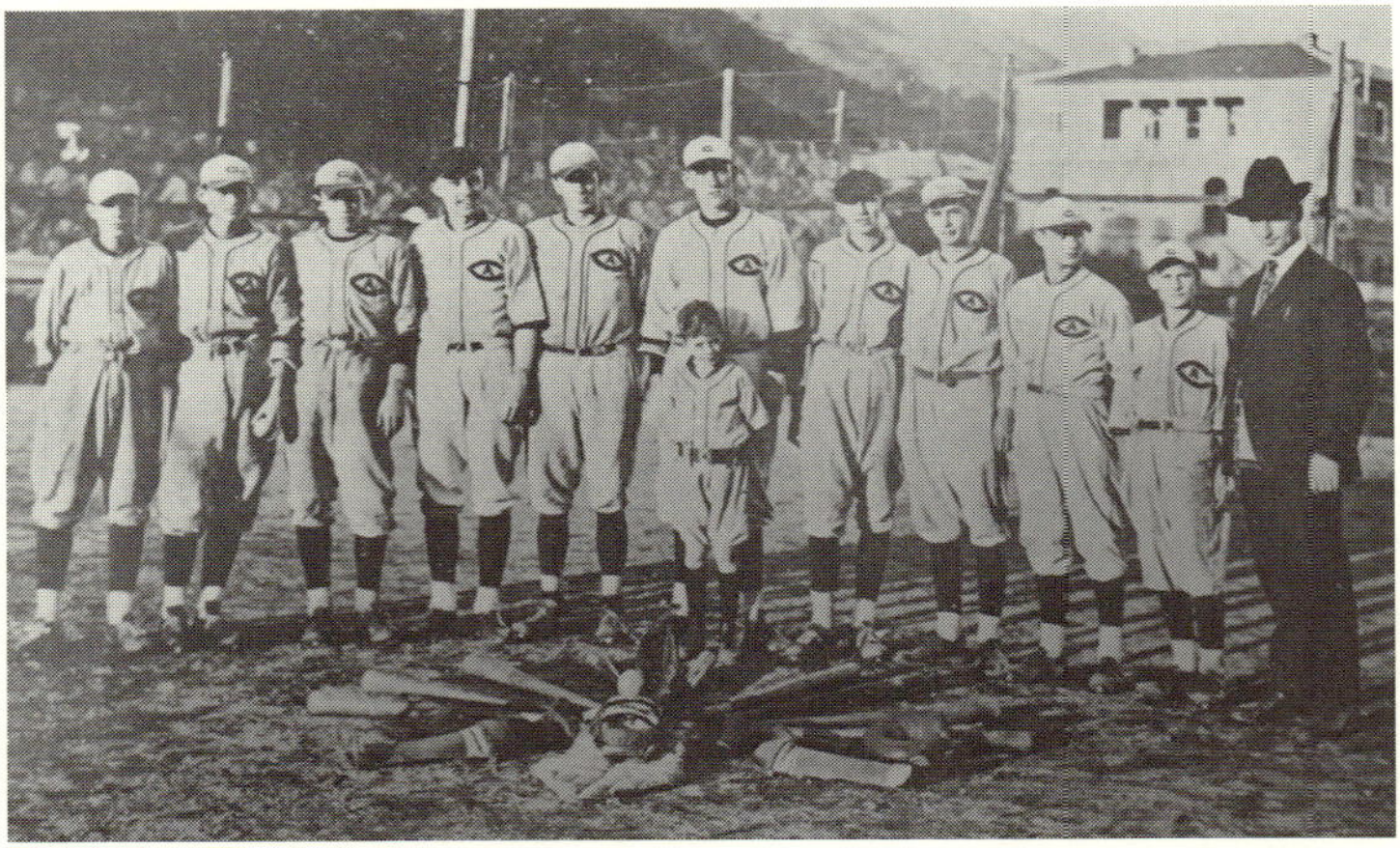

1925年のカナディアン・アカデミー野球チーム。右端テンチ監督、5人目の黒い帽子がノーマン遊撃手。(*1926 Red and Grey* より、Canadian Academy提供)

ラディ・フランクは、コントロールの良さと得意のカーブに期待がかかった。日本の中学相手に10三振を奪ったこともある。もう一人、一塁手のラルフ・ウィルキンソンもファーストボールを買われてのコンバートだった。野球未経験者2名も採用して12選手による新チームの編成に漕ぎ着けた。

学校のイヤーブック『レッド・アンド・グレー』(1926)によると、カナディアン・アカデミーは、1925年秋季、アメリカン・スクール戦の前、神戸の中学数校と対戦した。その中には、強豪の神戸一中を2－1で下した一戦もあるが、10試合4勝6敗と負け越した。しかし、テンチ監督の口からは、「バッティングの調子も上がって来た。著しい成長が見られる」と強気の言葉が聞こえた。それを裏付ける実践練習が積み重ねられた。

一方のアメリカン・スクールはもはや5月の屈辱を過去のものとしていた。今回は、チーム編成の準備不足で臨んだ5月シリーズとは違う。陣容も整い、ほぼ連日の猛練習により自信をつけていた。新チームは成城中学に敗れはしたものの、ジャパンタイムズ野球部に14－7で、早稲田ESSにも19－2で勝っている。5月にはカナディアンが一方的強さを見せつけたが、互角の両チームが満を持しての対戦となるはずであった。

ホスト校アメリカン・スクールではシリーズ開催への準備が着々と進んでいた。11月18日朝、生徒集会が開かれ、対抗戦のチケット販売キャンペーンを打ち上げた。鼓舞激励の挨拶に立ったのは、同校理事に就任したばかりのポール・ラッシュだった。「アメリカン・スクールは今回の対抗戦にあたり、けっして一歩も引き下がらない。戦いに勝つ。シリーズを勝ち取る。生徒全員各自少なくとも2枚のチケットを売ってくれ」。生徒は自分の名前が呼ばれると、それぞれ5枚～15枚売ると決意表明するのだった。さらにラッシュが、「最多枚数を売った男女各1名に10円の報奨金を出す」と発表すると、会場は熱気に包まれた。チケット（1円50銭）はシリーズ全試合が観戦できる。それが1500枚用意された。

ラッシュはのちに日本で「アメリカンフットボールの父」と呼ばれるアメリカ人宣教師である。1925年5月4日、関東大震災で破壊された東京と横浜のYMCA会館再建委員の一人として来日した。1年で帰国するつもりだったが、立教で教鞭をとることになり、日本と長い関わりをもつようになる。戦争中に強制送還され、アメリカで陸軍に志願し、通訳兵を養成するミネソタの陸軍情報局日本語学校の教師となり、多くの日系二世兵士を教えた。戦争が終わるとGHQの一員として来日し、中等学校野球など日本のスポーツ復興にも積極的に取り組んだ。

今回の対抗戦の舞台は慶応グラウンド。といっても早慶戦第1戦など歴史的に名勝負が繰り広げられた三田綱町球場ではない。目黒蒲田電鉄の目蒲線武蔵新田駅近くにある慶応の新田運動場の野球場（現・東京都大田区千鳥2丁目）である。のちに新田球場と呼ばれた。手狭になった綱町球場に代わる新たな運動場用に、慶応が農地など購入し、1925年8月に野球場が完成した。8月28日にはフィリピン野球団を招いての球場開きが行われた。

第1戦　11月26日（木）

25年11月の対抗戦はサンクスギビング・シリーズとも呼ばれた。カナディアンのダグアウトの後ろには神戸からはるばるやってきた応援団が陣取った。これに対抗して地元アメリカン側もペップラリーなどで応戦するが劣勢は否めない。アメリカン・スクールは地元ながら1年生からハイスクール生までを入れても生徒数はカナディアンの4分の1以下でしかない。

この試合、16歳になったばかりのノーマンは、カナディアン・アカデミーの1番ショートで先発出場した。英字新聞のラインナップを見て驚いたことには、アメリカン・スクールの1番バッターもよく知られた名前だった。三塁手のエドウィン・ライシャワー、このとき15歳。長老派教会の宣教師の次男として1910年10月15日に東京で生まれた。のちの日本研究者であり、1960年代には駐日アメリカ大使を務めた。ノーマンとライシャワーには共通点が多い。ともに日本で宣教師の家庭に次男として生まれ、その後、当時欧米では数少ない日本研究者となり、のちに外交官となった。そのため、つねに互いに引き合いに出され、〝宿命のライバル〟として語られることが少なくない。しかし、二人は少年期には夏の軽井沢のテニスコート仲間であり、それ以後も、日本の近代史観の相違はあっても日本史研究者としてお互いに理解し合う長い交流が続いた。両家は父親同士、兄同士も親しい仲だった。ライシャワーは自伝で「ハーブは、年少組のシングルスでは常に私に勝ち、私と組んだダブルスでは負け知らずだった」と振り返っている。ライシャワーは、野球やバスケットボール、テニス、サッカーなどのスポーツに熱中するアメリカン・スクールでのスターだった。「ハイスクールを卒業するまでの期間は、私の少年期の中の得意満面の時代である。……私はスポーツ等ほとんどのクラブのキャプテンになった。まるで学校の王者と言ってよかった」

ちなみに両校の対抗戦史を振り返ると、1922年シリーズではノーマンの兄ハワードが捕手で、ライシャワーの3歳半上の兄ボビーが左翼手で相見えている。24年にはライシャワー兄弟二人そろっての出場だった。このときボビーはキャプテンで投手、エドウィンは左翼手だった。

アメリカン・スクールが第1戦の先発マウンドに送ったのは、スタンレー・スニード。5月シリーズで猛打の餌食になっても冷静さを失わなかった度胸を買われての起用だった。しかし、この日は出だしから平静ではいられなかった。1回表、カナディアンの攻撃。先頭打者ハーバート・ノーマンは三塁線へ平凡なフライを打ち上げた。しかし、このフライを遊撃手シロー・モリヤがまさかの落球。よりにもよって内野でただ一人固い守備を誇るモリヤが、である。そのあと2本の安打が続き、2死となったが満塁で打席が回ってきたのは6番中堅手ドン・マクリード。投手スニードはこの小さなマクリードを相手にストライクが入らずフォアボールとなり、ノーマンが押し出し先制のホームを踏んだ。さらに2安打が出て、カナディアン・アカデミーに劈頭からビッグイニングとなる5点が入った。

カナディアンは2回にも3点、3回にも1点を追加。9－0と大きくリードを広げた。アメリカン・スクールはその裏、キャプテンのモリヤの適時打でようやく2点を返した。

カナディアン先発グラディ・フランクは、三塁からコンバートされ、この試合が初登板、しかも慣れないグラウンドという不安を抱えていたが、序盤からマイペースで飛ばした。アメリカンの打者はフランクのカーブがまるで打てなかった。フランクは奪三振8、許した安打わずか3、失点3で、9イニングのうち6イニングを3者凡退で片付け完投した。

それに反しアメリカン投手スニードの単調なピッチングではカナダ打者から1個の三振も奪えなかった。さらに追い打ちをかけたのがアメリカン・スクール内野陣のザル守備だった。エラー9（『ジャパン・タイムズ』は10）がスニードの足を引っ張ったのは明らかだった。

カナディアンは毎回の22安打、21得点を挙げた。その打数は9イニング試合ではまず見られない58を記録した。塁に出れば、ゆうゆうと盗塁、また盗塁。その数26に上った。英字紙『ジャパン・アドバタイザー』は、アメリカン・スクールはあまりに塁を盗まれ、「警察を呼びたいくらい」と書いた。カナディアン・アカデミーはテンチ監督が盗塁に力を入れて練習した成果が表れた。

カナディアンの打者の中で1番バッターのノーマンと4番三塁手のビル・アースキンが、ともに7打数4安打。しかも、ノーマンの得点は2番バッターで投手のフランクの6に次ぐ5。ただし、この試合を報じた英字新聞2紙『ジャパン・アドバタイザー』と『ジャパン・タイムズ・アンド・メール』の間で数字記録の違いが少なくない。さらにこの第1戦に関しては、カナディアン・アカデミーのイヤーブック『レッド・アンド・グレー』に試合経過の詳述があり、三つ巴で数字が異なる。たとえば、2紙によれば、4度打席に立ったアメリカンの1番打者エドウィン・ライシャワーは3回無死一塁で迎えた場面で、遊撃手ノーマンへのゴロを打った。これを両英字紙はヒットと記録し、この試合、ライシャワーは4打数1安打3三振。

しかし、『レッド・アンド・グレー』によると、こうなる。この回の先頭打者カトリ・ハタイはヒットで出塁。続くライシャワーの当たりはノーマンへの遊ゴロ。ノーマンはフォースアウトもしくは6－4－3の併殺を狙って二塁手ヒュー・アースキンに送球したが、「アースキンのエラー」で走者カトリ・ハタイは二塁セーフ。『レッド・アンド・グレー』が正しければ、エラーと記録され、ライシャワーはこの試合無安打となる。このように、グラウンド上だけではなく、公式の記録員がいないための混乱が見られた。本書では、2紙を採用しておく。カナディアンは22安打で毎回得点し、アメリカンをワンサイデッドで叩いた。21－3の完勝だった。

第2戦　11月27日（金）

アメリカン・スクールは思わぬ大差で第1戦を失った。25年11月シリーズの負けが決まるかもしれない第2戦、先攻のアメリカン・スクールは初回、前日は一塁を守ったカナディアン先発ラルフ・ウィルキンソン投手の乱れに乗じ、4四球の押し出しで1点先制、幸先よいスタートを切った。

しかし、アメリカン側の笑顔はすぐに消えた。その裏、1番ノーマンはショートゴロをモリヤがファンブルして前日に続き先頭打者出塁。2番フランクがシングルヒットで続き、走者一、二塁といきなり同点か逆転のチャンスを迎えた。3番ラルフ・ウィルキンソンの打席のときパスボールで、走者はそれぞれ進塁。さらに投手ハタイの暴投。ボールがバックネットへ転がる間にノーマンとフランク2者生還し、たちまち2－1と逆転した。そのウィルキンソンは四球で出塁すると、二盗、三盗し、またしてもハタイの暴投で3点目のホームを踏んだ。さらに攻撃は続き、この回一挙4点。

それでも2回表のアメリカンは8番レフトのビック・トドロビッチが一塁手フランクのエラーで出塁。二盗、三盗、さらにホームスチールと見事な足で1点を返し、2－4と点差を縮めた。ここまでは第1戦と違い接戦を思わせたが、その裏カナディアンは3点、3回にも打者11人を送り、3安打、3四球、ワイルドピッチ、パスボールと7盗塁で6点を追加し、13－2と大きくリードを奪った。アメリカンも反撃したが、それ以上にカナディアンは果敢に攻め続け、結局18－13で連勝し、このサンクスギビング・シリーズを制した。

この試合もまったく締まりのないものだった。「大量の失策、盗塁、四球」（『レッド・アンド・グレー』）。安打はカナディアン10、アメリカン4ながら、どんな野球だったのかを物語るのは盗塁数である。カナディアン24、アメリカン18、合計42が記録された。両チームとも出塁すれば、二盗、三盗は当たり前の走り放題。これに加え、27四球（ア18、カ9）、2死球（ア1、カ1）、9失策（ア5、カ4）にワイルドピッチとパスボールも絡み、野球とは思えないゲームが進行した。しかも日没のため7イニングでコールドとなった試合で、これである。

第1戦と同じく1番ショートを守ったノーマンは5打数1安打。5番サードのライシャワーは6回表に二塁走者を還す、シングルを放ち3打数1安打。

第3戦　11月28日（土）

2戦先勝方式のはずのサンクスギビング・シリーズだったが、翌11月28日午後、両チームは第3戦をやっている。カナディアン・アカデミーの『レッド・アンド・グレー』には、「お遊びで第3戦をやって、これにも勝った」とある。つまり、おまけ試合ということだろう。

この試合も野球になっていたのかと思わせる四球、盗塁の乱発で、カナディアン・アカデミーが投打にわたりアメリカンを圧倒、25－4で勝った。ノーマンは第2戦の2回に突き指した影響で、この試合は欠場した。8番中堅手ライシャワーは3打数ヒットなし。

11月シリーズは互角の戦いの予想だったが、アメリカン・スクールは、ザル内野、ノーコン投手など、少年草野球にも劣るお粗末ぶりでカナディアン・アカデミーにスイープされた。『ジャパン・タイムズ・アンド・メール』（11月29日）は「東京は経験不足が目立ち、神戸は経験を積んできた選手」とシリーズを評した。

1925年11月シリーズ　東京・慶応グラウンド

第1戦

					点	安	失	
カ	531	221	133	―	21	22	7	―5
ア	002	010	000	―	3	3	9	―10

（カ）G・フランク―E・ドージエ　（ア）S・スニード―P・ヘックルマン

第2戦

ア	110	014	6	―	13	4	5

カ　436　005　×―18　10　4

（ア）K・ハタイ―P・ヘックルマン　（カ）R・ウィルキンソン―W・アースキン

第3戦

カ　140　115　049―25　13　9

ア　010　100　002―4　1　11

（カ）G・フランク―R・ウィルキンソン　（ア）K・ハタイ―P・ヘックルマン

ノーマン

	打順	守備	打数	得点	安打	刺殺	捕殺	失策
第1戦	1番	遊	7	5	4	1	3	0
第2戦	1番	遊	5	2	1	1	0	0

ライシャワー

	打順	守備	打数	得点	安打	刺殺	捕殺	失策
第1戦	1番	三	4	0	1	2	2	3
第2戦	5番	三	3	0	1	1	0	0
第3戦	8番	中	3	0	0	−	−	0

合計得点　カナディアン　64　アメリカン　20

合計安打	45	9
打率	・336	・099
盗塁	84	不明

第1~3戦 *Japan Times and Mail*、第1、2戦 *Japan Advertiser.* 第1戦の失策数については上段は*JA*、下段は*JTM*。

大正期日本の野球ブーム

第3戦終了後、アメリカン・スクールは両チームの交流パーティーを開いたが、カナディアン選手は汽車の時間があり、長居はできなかった。

神戸に凱旋したカナディアン・チームを待ち受けていたのは、女子生徒たちが開いた盛大な祝勝パーティーだった。校舎のダイニングルームは、提灯がつり下げられ、カナダのシンボル楓の葉が手作りで飾られた。テーブルにはたっぷりのアイスクリームなど選手の好物が並べられた。パーティーの最後に、弛まぬ努力でチームを作り上げたテンチ監督にこれまた手作りの特大のバラの花がプレゼントされ、全員で祝杯を上げた。

大正期の日本では野球がますます盛んになった。中等学校の春夏の甲子園に、大学野球の隆盛、それに加え早慶戦が19年振りに復活したのがそのブームに油を注いだ。野球熱の盛り上がりの中で、日本の野球ファンにこそ知られなかったが、外国人学校同士が強烈なライバル意識をたぎらせたのもこの時期のことだった。

ノーマンのカナディアン・アカデミー卒業式は1926年6月24日。しかし、卒業目前に肺結核に冒されていると診断され、同年9月、軽井沢のサナトリウムに入院した。その療養中に、カナダにいる兄ハワードと姉グレースに宛てた「今日は陰鬱な雨になったので、外に出て横になり新鮮な空気に触れることができない」から始まる手紙（26年10月8日付）は、結核にかかったが、「まだ初期のステージで数ヶ月治療すれば取り除くことができる」と兄姉を安心させ、自分を納得させる文面である。空気のきれいなカナダの理想的な気候の中で療養する計画も述べている。手紙の最後はやはり野球の話題に転じた。

長野にもどるのをいつにするかまだ決まっていません。来週か遅くとも来々週になりそうです。あす朝、長野で大きなイベントが予定されています。ワシントン大学が長野の新球場で早稲田と対戦するのです。これは長野の野球史上最高の試合となりそうです。両チームに戦力がそろっていること、それに、新球場は城山《じょうやま》公園の噴水のすぐ上の場所で、収容人員3万人、しかもグラウンド状態がよく強化コンクリート建設で耐久性が高い。長野って、ちょっとしたところでしょ。球場の中にはまだ入ったことはありませんが、外観は見ました。その試合を見たいのですが、残念ですが長野へ行くのはもっと先になると思います。

病気と戦いながらも、野球へのなみなみならぬ思いがうかがえる。

この秋、早稲田の招待でワシントン大学（シアトル）が来日した。ちょうどこの時期、長野県各地に野球場建設ラッシュが起き、ノーマンの手紙にあるように、長野市の善光寺東隣にある城山公園にも7月15日、長野体育協会野球場が完成した。ノーマンは早稲田対ワシントン大学戦を「翌日」（手紙の日付は10月8日なので、翌9日）と記しているが、正しくはこのグラウンドで10月11、12日に両校は対戦し、星を分けた。ワシントン大は打撃の前評判が高かったが、来日当初はコンディションが整わず、東京では負け込み、関西に回り徐々に調子を上げてからの信州入りだった。

10月11日　ワシントン大　4－1　早稲田大
10月12日　早稲田大　1－0　ワシントン大

外来の大学チームが長野を訪れることは稀で、早稲田の長野入りもはじめてだった。

外交官の道を選んで

ノーマンは27年3月半ば、手紙に記したように、母親に伴われて軽井沢を離れ、カナダ・カルガリー郊外で療養生活を送ることになった。翌年9月、ようやく病の癒えたノーマンは、トロントのアルバート・カレッジに入学。1年間在籍した後、両親や兄ハワードが学んだトロント大学ビクトリア・カレッジに転校し、33年に首席で卒業。その後はケンブリッジ大学トリニティカレッジでの歴史研究を経て、36年10月からハーバード大学燕京インスティチュートで研究生活を始めた。39年6月、博士号を取得した。

神戸カナディアン・アカデミー時代のイヤーブックには、ノーマンはスポーツにも勉学にも優れ、「英語が強み。文学の世界での活躍が期待される。抜けた穴はそう容易には埋められない」と将来を予言されていた。実際、１９４０年にはすでに『日本における近代国家の成立』を上梓し、日本近代史研究者として輝かしいスタートを切っていた。しかし、トロント時代、ケンブリッジ時代の学究生活の中で恐慌とファシズムというきびしい現実を体験したノーマンは、あえて外交官への道を選び、語学官として東京のカナダ公使館に赴任した。

太平洋戦争中42年7月、ノーマンは戦時交換船で帰国した。戦後はＧＨＱで財閥解体など日本の占領政策にも影響をあたえた。そのあとカナダ駐日首席代表に就いた。

ハーバート・ノーマン（E・H・ノーマン図書館提供）

ノーマンはカナダの駐エジプト大使だった１９５７年4月4日の朝、カイロの公邸を出て、近くにあるビルの屋上から飛び降り自殺した。エジプトのスエズ運河国有化をめぐる第4次中東戦争でのエジプトとの交渉に疲弊し、アカ狩りの風潮の中で共産主義者とのレッテルが貼られ、カナダの国家機密情報をソ連に渡していたスパイだと嫌疑がかけられたことに自死の原因があるとみられている。

ハーバート・ノーマンはライシャワーとは違い、大学からすぐに現実政治と向き合う外交官の道を選んだ。そのため「荒波を受け、最期は悲劇的な死を遂げた。……学究となって荒波を避けえたのではないかと考える」と現代史研究者・高嶋幸世は述べている。カナディアン・アカデミーのイヤーブックの予言どおりに、研究者となっていれば自殺に追い込まれることはなかったかもしれないということだろう。

ブリティッシュ・コロンビア大学図書館には、カナディアン・アカデミー時代に野球に夢中になり、得意になって家族に報告した手紙とともに、自殺直前にノーマンの兄夫妻ハワードとグエンに宛てた「遺書」と思われるものが保管されている。「事態は説明できないほど複雑になっている。……私は完全に無実である。しかし、私を破壊しようとのしかかる力の犠牲者である。私は被害妄想に陥っているのではない。……クリスチャンの信心が、残念ながら強くないかもしれないが、最近は〔信心が〕わたしを支えてくれている」

残された文面からは、快活な野球少年の面影は消え去っていた。

SPレコードで聴く早慶戦

SPレコードの野球モノを集める

小学校に上がる前のこと。駄菓子屋に通い、メンコを集めていた。野球選手や力士、映画スターまでざっと500枚、父のワイシャツの箱にしまったままで今も保管している。

何かを集め始めると実にやっかいだ。目の前にモノが現れれば、素通りできない。新しい収集種目に手をつけないように自制することも覚えたつもりだ。それでも自分で見た野球試合のチケット半券は捨てられない。野球本は仕事の必要性から増える一方である。

日本人選手が大リーグに登場するようになってから、それを目当てに旅行会社が観戦目的の米国ツアーを企画するようになった。旅行代理店の店頭からこのパンフレットをいただいてくることにしている。しかし、大リーグが身近になりすぎたせいか、ここ数年はパンフレットを見かけなくなっていた。ところが2018年シーズン開幕と同時に、大谷翔平がセンセーションを巻き起こし、アナハイム行きのパンフレットが華々しく出現した。

2004年のことだった。ネットオークションのサイトで、野球レコード、しかも昔話に聞いた松内則三アナウンサーが実況する早慶戦のレコードが出品されているのを見つめていたら、これだ！という気になった。それからはSPレコードの野球モノは見逃さない。SPレコード（standard playing record）とは、CD出現前に親しんだLPレコード（33⅓回転）とEPレコード（45回転）以前の時代、つまり1900年から50年代にかけて発売されたレコード盤を指す。一般に「78回転」と呼ばれるものだ。片面がおよそ3分半とおそろしく短い。子どもの頃、家に手回しの蓄音機があった。雪村いづみが歌う「ジングルベル」の「ダッシング・スルー・ザ・スノー」のハキハキ英語が今でも耳に残っている。

野球に関するレコード盤なら、野球選手の歌う演歌や野球アニメの主題歌だってあるが、これらは同じレコードといっても、主流は次の時代のLP盤やEP盤なので、SPレコードに限定することで集めなくてすむと思った。しかし、これはちょっと間違いとのちに知った。どのくらい集められるかも一つの挑戦なのだ。

それから3年後の2007年4月、NHKや日本音楽著作権協会など6団体が集まり、「歴史的音源アーカイブ推進協議会」（HiRAC）を立ち上げた。「SP盤の歴史は、音による近代日本文化の歴史」（日本レコード協会会長・佐藤修）。つまり日本の貴重な歴史的・文化的資産であるSPレコードの音源が、いつの間にか失われることもある。これをデジタルアーカイブとして大切に保存し公開する大掛かりなプロジェクトに乗り出してきた。

HiRACは日本国内で製造されたSP盤7万音源を目標にしている。対象となるのは、流行歌など音楽はもちろん、戦中の国威発揚モノもあれば東條英機の演説、無声映画時代の弁士の映画説明、ベルリン五輪の「前畑がんばれ！」も。

集め出して知ったのだが、ＳＰレコードの収集・整理には大きな障碍がある。まず、レコードがいつ発売されたのか、レコード盤それ自体からは知ることができないことだ。奥付を見ればそれがわかる書籍とは違う。レコード盤の中心部の丸いレーベル部分には、タイトルや演奏者・演者の名前、レコード番号等いろんな情報が記してあるが、発売年はどこにもない。いつ発売されたかは各レコード会社が月ごとに発行した新譜目録などを探し出して調べるしかない。

もう一つは、レコード盤の材質がもろく、取り扱いには慎重にならざるをえないこと。もともとシュラックと呼ばれる壊れやすい天然樹脂という材質もさることながら、半世紀から1世紀前の代物のため盤質の劣化が激しい。うっかり力を加えるとパリンともろくも割れてしまう。郵送で届いたＳＰ盤、郵便受けに入れられたときのわずかな衝撃だけで、見事に割れてしまったものもある。ほかにも問題がある。何度も使用したことによって摩耗した盤は、雑音で言葉や歌詞が聴き取れないことも少なくない。

15年の収集歴はコレクションとしては、まだ入り口に立ったくらいだろう。これまでにザッと２００枚が集まった。１９２０年代半ばからＳＰレコードの音質が格段に良くなり、流行歌など何十万枚ものヒット作も生まれた。野球で言えば、春夏の甲子園大会により野球人気が広がり、外国チームの来訪、早慶戦の復活で六大学野球も黄金期を迎え、全国のグラウンドは野球人気に沸いた。ちょうどレコード産業が確立するのと野球ブームがシンクロしたのだ。

「早慶戦」のSPレコード

SPレコードを調べていくうちに「早慶戦」を扱ったものがやたら多いことに気づいた。①自分で集めた盤、②SPレコードを扱った総目録、③HiRACによって国会図書館で公開している盤など2万点以上を調べ、タイトルに「早慶」が使われているレコード盤で存在が確認できるものをリストアップした。「早稲田」「慶応」の単独ではなく、あくまで「早慶」の2文字があるものに絞った。そうでなければ、早慶の校歌や応援歌もあるし、数字はどこまで膨らむかちょっと想像がつかない。

「早慶戦」のSPレコードは、エンタツ、アチャコの漫才「早慶戦」だけではなく、松内則三の名文句「東の空にカラスが」以外にも数知れず。落語、漫才、浪花節、都々逸、小唄などの演芸もの、試合実況、歌曲と、実にさまざまなジャンルがある。つぎの37枚を確認した。

SPレコード（レーベル別、アイウエオ順）　タイトル、演者、レコード番号、発売年月（判明分のみ）の順　筆者調べ

オデオンレコード

（1）マンドリン・オーケストラ早慶戦（上下）慶応マンドリン倶楽部　U-2229

キングレコード

（2）落語掛取早慶戦（上下）　春風亭柳橋　K236　1933年5月

（3）漫才早慶戦（上下）　花菱アチャコ／横山エンタツ　6619, 6620

コロムビアレコード

（4）スポーツ小唄早慶戦時代の唄（上下）　権藤円立　25866　1933年6月

（5）スポーツ忘れ得ぬ早慶戦の思い出（上下）　宮武三郎　26363　1931年5月

（6）落語早慶野球戦（上下）　柳家金語楼　27555

（7）落語続早慶野球戦（上下）　柳家金語楼　27586　1933年12月

スメラレコード

（8）落語早慶野球ファン戦（上下）　柳家三太楼　3059

タイヘイレコード

（9）東京新落語早慶野球の雰囲気（上下）　柳家三太楼　1221

（10）浪花節早慶野球戦（一二）　大浦一朗　56271

（11）漫才早慶戦（上下）　花菱アチャコ／横山エンタツ　10245

テイチクレコード

（12）漫才早慶戦（一二）　横山エンタツ／杉浦エノスケ　50342

（13）漫才早慶戦（三四）　横山エンタツ／杉浦エノスケ　50343

東京れこをど

（14）実況早慶野球戦（一二）　不詳　120

（15）早慶野球戦（一二）　不詳　129, 130

トンボレコード

（16）漫才早慶戦時代（AB）　橋ノ百円／柳家三太楼　15711

（17）野球スケッチ早慶野球戦試合前の情況（上下）　河西三省　S339

ニットーレコード

（18）スポーツ小唄早慶行進曲（B）　貝塚正　3975

（19）萬歳早慶戦（上下）　横山エンタツ／花菱アチャコ　6376

（20）野球小唄早慶行進曲（A）　佐間毅　667　1929年11月

ニッポンレコード

（21）童謡少年野球の歌（早稲田慶応応援歌入）（A）　P2

（22）野球スケッチ早慶野球戦試合前の状況JOAK（上下）　河西三省　S339（7インチ盤）

ハッピーレコード

（23）漫才早慶戦風景（上下）　橋の百円／柳家三太楼　3139

ビクターレコード

(24)運動描写早慶野球争覇戦（一二）　ＪＯＡＫ　松内則三　52014　１９３１年10月

(25)運動描写早慶野球争覇戦（三四）　ＪＯＡＫ　松内則三　52015　１９３１年10月

(26)掛合萬歳早慶リンゴ戦（上下）　柳家吾朗／柳家六朗　J-10163　１９３４年４月

(27)早慶狂（上下）　中村肥聲波其他　51149　１９３０年４月

ヒコーキレコード

(28)スポーツ劇早慶戦決勝の日（上下）　新国劇幹部俳優連　70295

ポリドールレコード

(29)運動スケッチ早慶大野球戦（一二）　松内則三　474　１９３０年９月

(30)運動スケッチ早慶大野球戦（三四）　松内則三　475　１９３０年９月

(31)運動スケッチ想い出の早慶大野球戦（一二）　松内則三　8225

(32)運動スケッチ想い出の早慶大野球戦（三四）　松内則三　8226

(33)吉本特撰漫才早慶野球戦（上下）　花菱アチャコ／千歳家今男　8331

ヤチヨレコード

(34)落語早慶野球ファン戦（上下）　柳家三太楼　3059

ヤヨイレコード

(35)掛取早慶戦（上下）　春風亭柳橋　672

ユーモアレコード

（36）落語掛取早慶戦（上下）　春風亭柳橋　U-1
　リーガルレコード
（37）落語早慶野球戦（上下）　柳家金語楼　69001
　注　（上下）（一二）（三四）（AB）は盤の表裏を意味する。

早慶戦の歴史を振り返ると、1903年野球では先輩格の慶応に早稲田が挑戦したことから、ライバル関係が始まった。翌年にはともに当時の野球王者第一高等学校を倒し、早慶時代が幕を開けた。しかし天下分け目の盛り上がりの中、1906年秋、早慶戦は応援の過熱から中止になった。1914年に明治を仲介として早慶との三大学リーグが発足したが、早慶両校は同一野球リーグに所属しながら直接対戦しないという異常さを呑んでのリーグ誕生だった。その後、変則リーグは17年に法政、21年に立教と加盟校を増やしたが、早慶戦は実現しなかった。25年に帝大が加盟し、東京六大学リーグとなり、野球ファン待望の早慶戦もようやく19年振りに復活した。それからはプロ野球リーグがまだ誕生してなかった時代に、早慶戦人気はうなぎ上り。1926年秋には六大学全試合のグラウンドとなる明治神宮外苑球場が完成し、これが満天下の人気に拍車をかけた。ついに1930年前後に人気絶頂期を迎え、東京だけでなく全国区で野球ファンを釘付けにした。

（5）スポーツ忘れ得ぬ早慶戦の思い出（上下）　宮武三郎　コロムビア　26363

「私が慶応に入学したのは昭和2年の春でした」と2回戦先発の宮武三郎が語り始める回想レコードである。宮武は高松商業で1925年のセンバツ準優勝投手。夏の第11回大会で優勝し、四国にはじめて深紅の優勝旗を持ち帰った投打二刀流の立役者。27年山下実とともに慶応に入学し、いきなりエースの座をつかんだ。レコード全編、宮武の独白である。

早慶戦復活後、慶応は、26年三宅大輔に代わりハワイ出身日系二世腰本寿が監督に就任し、黄金時代を迎えた。翌27年、春は早稲田が米国遠征で両校の対戦なし。その秋、1回戦（11月6日）は浜崎真二の快投で6－0と勝利した慶応、2回戦（11月7日）に先発登板したのが宮武である。

チームメイトが1回戦の勝利に感涙にむせぶ姿を見て、「早慶戦の伝統と歴史が、今更ながら強い迫力をもって私を打ったのです」と宮武。しかし宮武は登板の1週間前、法政との新人戦の試合前、ライトの守備練習中に右手薬指を突き指、第2関節を骨折した。手当を受けたが、症状は悪化するばかり。紫色に腫れ上がったままの指は逆上するほどの痛さで、試合当日を迎えた。「その試合前に外野でピッチングの練習をすると球を投げるごとに血はにじむし、痛さは頭に堪えて脂汗がでる。とても投げられそうにありません。私の心は時雨の空のように陰鬱でした」。マウンドにやってきた腰本監督にポンと肩をたたかれ、「できるだけやってみろ。なあに大丈夫だよ」と激励されて、宮武は敢然とプレートに立った。

本来の投球フォームであるオーバースローでは投げられず、窮余の策のアンダースローに変えたのがかえって奏功し、三原修と富永時夫に各1安打を許しただけで7回途中まで投げとおし、そのあとを浜崎が完璧に封じた。慶応は3－0の勝利で2日連続完封勝ち。早慶戦復活後、早稲田にやられっぱなしだった慶応が、苦節3年の末、夢にまで見た勝利をつかんだのである。

「ゲームセットの宣告が下ったとき、ベンチにいた私は黙って涙にうるむ私の目をぬぐっていました」

責任感とケガの狭間の苦境を乗り越えた宮武が語る。

「やればやれるものだ。そうです、その経験がのちの私のボール生活にどれほど有益であったか。傷を負って戦ったこの試合を思うと、今でも強く感激せずにはおられません」

慶応応援団は銀座に繰り出し、生まれたばかりの「若き血」を高唱し、宿敵早稲田からの屈辱を晴らす秋を祝った。

これは早慶戦レコードの中でも珠玉の一枚だろう。当代一を争うスラッガーで強腕そして人気者が一人、3年半前の早慶戦を語る。利き腕の指を骨折しながらも先発マウンドに立ち、苦痛に耐え勝利を呼び込んだ敢闘ピッチングを美談と讃えるレコードである。

翌1928年慶応に水原茂、井川喜代一、堀定一の高松商業三羽ガラスをはじめ、牧野直隆ら有力選手が複数加入し、腰本野球のまさに黄金時代の花が開いた。1928年秋には10戦全勝優勝を飾った。一方の早稲田にも1929年に小川正太郎、伊達正男が入学。同年春からの小川対宮武の投手対決が話題を呼んだ。同年秋には両校が全勝同士で激突、こうしてライバル関係の絶頂期が訪れた。その人気にあやかろうと早慶戦を扱ったSPレコードが次々にリリースされた。両チームにスター選手が現れたばかりか、他の4校にもスターが勢揃いし、六大学の黄金時代を迎えた。

(29) 運動スケツチ早慶大野球戦 (一二) 松内則三 474 ポリドール
(30) 運動スケツチ早慶大野球戦 (三四) 松内則三 475 ポリドール

日本ではじめての野球実況ラジオ放送は1927年8月13日、甲子園の第13回中等学校優勝野球大会である。それからわずか11日後、8月24日に神宮球場での一高対三高戦。JOAKアナウンサー松内則三の「松内節」がはじめて電波に乗った。10月には東京六大学の実況中継が始まった。1930年にポリドールが売り出したこのレコードは15万枚のベストセラーとなった。

「満天下総ての血をそそる早慶戦」。両校1勝1敗のあとを受けての3回戦。早稲田・小川正太郎、慶応・宮武三郎のエース対決。早稲田には小川のほか伊達正男、三原修、杉田屋守、慶応には宮武と山下実、岡田貴一、楠見幸信ら、まさに早慶戦のスターが揃った。しかし、これは1930年の設定と思われる架空試合である。試合を逆転逆転の展開にして、両校の応援団の歓声をバックに試合描写に松内得意のフレーズが詰め込まれる。こんな具合だ。

早稲田主将森茂雄の放った大飛球を慶応外野手楠見が塀際まで背走しキャッチ。「打ったりやな健棒、捕ったりやな駿足。さても腕の強さよ、足の速さよ。満場は総立ち歓呼の声であります」

犠牲フライで三塁走者・慶応井川喜代一がホームに突入。クロスプレーでセーフとなったが井川は足を負傷しグラウンドを転げ回る。腰本監督も、早稲田の市岡忠男監督もベンチから出てきた。「井川の奮闘は戦場の向こう傷、名誉の負傷であります。また戦いを忘れて駆けつけた敵軍監督市岡君の心意気、総てこれ涙ぐましき運動精神の現れであります」

早稲田の強打者伊達が打席に入ると洒落を飛ばす。「腰の朱鞘は伊達には差さぬ」

早稲田が5－4と逆転した場面。「早稲田の応援団、狂喜、歓喜、乱舞。慶応軍今や断崖絶壁に立って居ります。折柄突風。危ういかな、落つれば千仞奈落の底。堪りかねた慶応の応援団急ピッチの応援歌であります、急ピッチの応援」

逆転された慶応、2死一、二塁のチャンス。バッターは捕手岡田貴一。「小川の鉄腕、よく危機を脱するか、岡田の健棒よくチャンスを掴むか、神宮球場風雲愈々急なり」

6回を終え5－5の同点。「かくして両軍の意気愈々軒昂。観衆いよいよ熱して居ります。恐らく満天下野球ファンの血は踊って居りましょう。ああ早稲田、ああ慶応、早慶何れが勝つか」

結局、勝ち負けはつけずレコードは終わっている。その事情を松内本人が語る。

あれはね、ポリドールという会社が出来た当時ですよ。社長がね、わたしと飲み友だちで仲がよかったんです。「放送をひとつ頼みますよ」と言うから、「じゃ、やってもいいよ」。

早慶戦のSPレコード（著者所蔵）

それから応援団を連れてきてね。芸者が来たり、そういう連中を連れてきちゃ、ワーワー歓声をあげさせて……。そして、試合をうまく、七回ぐらいで同点で終わるというように演出したんです。どっちも勝たないように、負けないように、途中でやめるんです。（「スポーツ放送の草分け時代」）

スタジオで録音された架空ゲームである。

(24) 運動描写早慶野球争覇戦（一二）　松内則三　ビクター　52014

(25) 運動描写早慶野球争覇戦（三四）　松内則三　ビクター　52015

ポリドールの翌年、1931年10月にビクターが負けじと、早慶戦を発売した。2枚表裏、都合4面（一～四）。

松内が語るスタジオでのレコーディング風景。

もう一度ね、ビクターで吹き込んだことがあるんです。この時はね、ほとんど全部が、早稲田と慶応の応援団ばっかりが来たんです。リーダーが部員を連れてきたんです。そして、もう最初からケンカですよ。おれの方を先にやらせろ、おれの方を先にやらせろって。「そんなことは、どうだっていいじゃないか。いまさらケンカしたって仕様がないじゃないか。あとでうまくまとめるから」と言って、結局、慶応の「若き血に燃ゆるもの」から始まってね。しまいに「都の西北」をミックスさせて……。

この時はね、なにがしか会社から金をくれましたよ。これをね、慶応の連中は待合へ連れてってくれって言う。それから早稲田の連中はね、吉原へ連れてってくれって言う。全部おごったですよ。自分のふところから、はたき出してね。とにかく、待合と吉原と両方へ連れてって、それでおさまったことがあります。（「スポーツ放送の草分け時代」）

早稲田と慶応の応援団まで動員しての効果音をバックにしたスタジオでの松内の架空試合の実況アナウンス。慶応が腰本監督、早稲田が大下常吉監督であり、両チーム1勝ずつの後を受けての3回戦（決勝戦と呼んでいる）と松内はアナウンスしているので、31年春、6月15日の試合のはずだが、実際は早稲田が9－4で慶応を破っている。

この（二）面の球場描写に松内十八番のカラスのアナウンスが入っている。「早慶ベンチ前ともに円陣。水も漏らさぬ策戦。早慶応援団の応酬工作。六万観衆詰まるまでの沈黙。見る者、語る者一段と殺気を含んでおります。神宮球場ドンヨリした空。黒雲低く垂れた空。カラスが一羽、二羽、三羽、四羽。戦雲いよいよ急を告げております。早慶の決戦、あとわずかに1分」。松内が実際の実況放送にカラスを取り入れたのは、29年10月15日の早慶決勝戦という説があるが、確証はない。

試合展開はこれまた追いつ追われつ。（三）になると一気に試合は8回に飛ぶ。早稲田が5－4と逆転に成功。しかし9回に慶応が1点を入れ5－5の同点となり延長戦へ突入。「早慶初の補回戦」と松内は言う。最後の（四）では、12回慶応が1点リードを奪うが、その裏、早稲田の三原がホームスチールを決めて、またもや6－6の同点。「応援団、狂喜、歓喜、乱舞、敵も味方もただ騒然」。しかし、このレコードも、延長12回6－6の引き分けで終わる。勝ち負けを避けるところもポリドール盤と同じ。

実際に三原がライバルとされる投手水原から球史に残るホームスチールを成功させたのは1931年6月14日。早稲田が6－3で勝った早慶2回戦であった。

松内はその実況スタイルで批判を受けながらも、このレコードが破格のベストセラー盤になった背景には、もちろん早慶戦人気の隆盛があるが、実況アナウンサーの先駆者としての松内の話術の魅力が早慶戦を超える面白さを聴取者にアピールしたからだったとの見方がある。「講談師的」と言われる「松内節」である。「松内の実況は試合の描写ではあるが、松内の主観によって再構築された試合空間であったのである。それを瞬時にやってのけたところに松内の才能がみられる」（「戦前の『講談調』」）

このポリドールとビクターの盤が松内の話芸を楽しむための早慶戦レコードの双璧だろう。

（6）落語早慶野球戦（上下）　柳家金語楼　コロムビア　27555

（7）落語続早慶野球戦（上下）　柳家金語楼　コロムビア　27586

1926年4月、ヒコーキレーベルから「噺家の兵隊」でレコードデビューした金語楼、軍隊経験を生かした新作落語「兵隊物語」で一躍名を挙げた。当時はアチャコ、エンタツと並ぶ吉本興業の看板スターだった。(6)盤は、旦那にはじめて神宮球場に連れていってもらった野球を知らないトンチンカンな男の話。(7)盤では帰宅して、覚えたての野球用語を妻に得意げに披瀝し、これまたトンチンカンなやりとりで笑わせる。金語楼はレコードを表現の一つとして積極的に利用した。そのため野球落語もいくつもある。たとえば、野球(コロムビア、26900)、野球見物(リーガル、65295)など。金語楼はのちに舞台や映画にも進出しマルチタレントぶりを遺憾なく発揮し、戦後はテレビで活躍した。

(26) 掛合萬歳早慶リンゴ戦(上下) 柳家吾朗/柳家六朗 ビクター J-10163

「何と言っても野球狂時代だな」。1933年(1シーズン制)の早慶3回戦。10月22日、試合は点の取り合いになった。8回を終わって早稲田8-7でリードしていたが、9回裏の土壇場で慶応が2点を追加し、9-8で逆転サヨナラ勝ちを飾った。試合中にグラウンドに投げ入れられた食いかけのリンゴを、慶応三塁手水原が拾って早稲田応援席に投げ返したとして、試合後、負けた早稲田の応援団が激昂しグラウンドに乱入、慶応応援団に詰め寄った。早稲田は水原の謝罪を要求。両応援団のにらみ合いは一触即発の大騒動に発展した。これが六大学球史に残るリンゴ事件である。

レコードはこの試合を観戦したとする二人のかけあい漫才。エンタツ、アチャコの早慶戦の二番煎じにすぎない。たしかにレコードはリンゴ事件と銘打っているが、その内容はお粗末の一語。慶応の逆転劇には触れるものの、リンゴ事件には一切言及なし。

(3) 漫才早慶戦（上下） 横山エンタツ／花菱アチャコ キング 6619, 6620

(11) 漫才早慶戦（上下） 横山エンタツ／花菱アチャコ タイヘイ 10245

(19) 萬歳早慶戦（上下） 横山エンタツ／花菱アチャコ ニットー 6376

言わずと知れた野球漫才の大御所コンビ。軽妙なしゃべくり漫才の元祖、横山エンタツ、花菱アチャコがコンビを組んだのが1930年5月。二人が野球をネタに加えたのは31年ごろだったという。33年にはラジオの聴取契約は135万を突破するほど娯楽として普及していた。34年6月10日、大阪南地法善寺の「花月」からラジオで「エンタツ、アチャコの早慶戦」が流れた。二人がリンゴ事件の起こった1933年秋の早慶戦を観戦したことから、この漫才を始めたとされる。秋田實が書いた台本は、ラジオでの漫才ブームを巻き起こしていく。その先頭に立っていたエンタツ、アチャコは、新作漫才、ラジオ放送、早慶戦の三つで人気を不動のものとした。3盤とも同じもの。（3）キング盤は戦後になっての焼き直し。

(12) 漫才早慶戦（一二） 横山エンタツ／杉浦エノスケ テイチク 50342

(13) 漫才早慶戦（三四） 横山エンタツ／杉浦エノスケ テイチク 50343

(33) 吉本特撰漫才早慶野球戦（上下） 花菱アチャコ／千歳家今男 ポリドール 8331

早慶戦で人気を博したエンタツ、アチャコだったが、アチャコが中耳炎で入院したのをきっかけに、コンビは解消。ラジオ出演から約3か月で人気コンビはあっけなく幕切れとなり、エンタツは杉浦エノスケと、アチャコは千歳家今男とコンビを組むことになった。

(2) 落語掛取早慶戦（上下）　春風亭柳橋　キング　K236
(35) 掛取早慶戦（上下）　春風亭柳橋　ヤヨイ　672
(36) 落語掛取早慶戦（上下）　春風亭柳橋　ユーモア　U-1

晦日に米屋が集金にやってくる。その集金人が野球好きなのをよいことに野球の話題を持ち出して、ついに追い返すという話。野球アナウンスを始め、早慶の応援歌の替え歌の応酬や野球選手の名前を入れての口上を繰り出しての言い訳が聴きどころ。新作落語が得意な柳橋の真骨頂。

(27) 早慶狂（上下）　中村肥聲波其他　ビクター　51149

JOAK（東京中央放送局）ラジオで実況中継を聴いている早慶狂の男。試合は3回裏、慶応の攻撃。2死一塁でバッター宮武、センター奥深くを襲う飛球を放ったが早稲田のセンター矢島粂安が好捕し、チェンジ。「よく捕った、ありがてえ、ありがてえ」とこの男の叫びが入る。宮武、矢島、伊達、森の名前が登場する。

1930年頃が早慶戦の絶頂期だった。その人気を当て込んでこれだけのレコードが発売されたことに疑いない。タイトルに「早慶」を謳ってなくても、野球モノには、明らかに早慶戦を主題にしている盤が少なくない。たとえば、萬歳野球節（上下）富士蓉子／吉田明月（タイヘイレコード、4473）は、漫才の背景に早慶両校の校歌の替え歌を取り込んでいる。ちなみに日本ビクターは1928年5月には、早慶両校の校歌、応援歌を発売している。

太平洋戦争で中断した早慶戦だったが、終戦とともにすぐに復活した。戦後1946～1956年の11年間、六大学22シーズンのうち、17回は早慶のどちらかが優勝している。第2期早慶黄金時代の到来だった。しかし、私が確認できた限り、SP盤の早慶戦はすべて戦前期を扱ったものである。早慶戦にかぎらず、数多くの野球レコードも戦前の六大学野球ブームに沸いた時期に売りに出されたものだった。

戦前の早慶戦絶頂期に花形選手として活躍した伊達正男や山下実から、早慶戦がどれほど凄いものだったか、話を聞いたことがある。しかし、私自身、SPレコードを収集するまでは、レコード製作競争にまで発展するほどだったとは想像もしていなかった。社会現象としての早慶戦人気の白熱ぶりは口々に語り継がれてきたが、それをあらためて実感することになった。野球史を語るのは、文字と写真ばかりではないことも、歴史的音源SPレコードがあらためて教えてくれた。

ベーブ・ルースは、なぜ甲子園でホームランを打てなかったのか

甲子園でのプロ野球公式戦柵越え第1号

西宮市の甲子園球場は、阪神電鉄が1924年8月、第10回全国中等学校優勝野球大会（夏の甲子園）開催に間に合わせようと、5か月足らずの突貫工事で完成させた。2018年夏は大会100回目を迎え、本・雑誌や新聞、テレビなどメディアがこぞって甲子園特集を組み、その歴史を振り返った。

甲子園といえば、私には一つ気にかかることがある。

7球団によって日本プロ野球リーグが発足した1936年は、現在のようなシーズンをとおしてのペナント争いではなく、いくつものトーナメント大会や総当たり大会が組まれた。公式戦は第2回北米遠征中の巨人を除く6球団によって4月に始まったが、その巨人が6月5日に帰国。全7球団がうち揃っての第1回全日本野球選手権大会は、7月1日から東京大会（戸塚球場）が始まり、続いて開催された大阪大会（甲子園球場）では、阪急の誇る重量打線が爆発し、優勝を飾った。7月11日（第1日）第3試合の阪急対巨人戦、阪急の日系二世外野手ジミー堀

尾は、阪急が6－0のリードで迎えた6回、沢村栄治投手からダメ押し2ランを放った。

拙著『ベースボールの社会史　ジミー堀尾と日米野球』（東方出版、1994年）に、「堀尾のこの一発は甲子園球場での公式戦初めての柵越え本塁打」と書いたのだが、ある不安があったため、あらためて確認することにした。

戦前のプロ野球を調べようとすれば、まずプロ野球リーグ創設を主導した『読売新聞』を見る。同紙にあるこの試合の宇野庄治の筆による戦評には、堀尾の一撃を「右翼越本塁打」としか記述がない。やっかいなことには、新聞の言う「左翼越」「右翼越」は、かならずしも「柵越え」を意味しない。その好例の一つを挙げれば、堀尾のそのホームランを伝える記事で、「阪急は六回西村の左翼越三塁打と堀尾の右翼越本塁打で二点を挙げ～」（『読売新聞』36年7月12日）とある。西村正夫の打球は三塁打なのにレフトを越えたと書いている。

もう一例。映画『KANO』で話題になった台湾・嘉義農林が甲子園にはじめて出場した1931年夏の大会でのこと。8月18日、嘉義農林が札幌商業を19－7で破った一戦。2回裏、嘉義の左翼手・平野保郎（羅保農）の打球についてである。

「平野一－一の後左翼越に本塁打して」（『大阪毎日新聞』）

「平野1－1ののちの一撃は堂々たる左翼越本塁打となりて」（『大阪朝日新聞』）

両紙とも平野の一打は「左翼越本塁打」と記すが、これは打球が外野のフェンスに当たったのでもなければ、ましてやフェンスを越えたものでもない。越えたのは左翼手の頭上、ランニングホームランである。

つまり、「越」は、「柵」「塀」「フェンス」ではなく「外野手の頭上」もしくは「外野の定位置」を打球が飛び越すことを意味する。これでは堀尾の当たりが、フェンスオーバーではなく、右翼手の頭上を抜くランニングホームランだったかもしれないという疑念を抱いたのだ。当時、ランニングホームランがやたらに多く、フェンスオーバーのときは、記事に「柵越え」と明記するのが常だった。

堀尾のホームランが飛び出したこの大阪大会（甲子園）は全6試合が行われたが、阪急の誇るスラッガー3人、山下実2本、宮武三郎と堀尾各1本の計4本しかホームランは出なかった。宇野記者は、堀尾の1本以外、山下と宮武の3本いずれも「柵越」や「一打は見事な放物線を工事中のスタンドに落下し」と、オーバーフェンスと明記しているのに、である。そこでいくつもの新聞を探した結果、やっと見つけた。甲子園の地元日刊紙『神戸新聞』（7月12日）に、「六回堀尾右翼柵越の大本塁打を放つて」とあるではないか。これで36年の堀尾の一打は外野席に飛び込んだ甲子園球場でのプロ野球の公式戦柵越えホームラン第1号と確認できた。疑念

阪急のスラッガー宮武三郎（左）とジミー堀尾（James I. Horio 氏提供）

は晴れて、一件落着。

ちなみに、プロ野球の公式戦柵越えホームラン第1号は阪急の山下実が１９３６年5月22日の大東京戦1回、宝塚球場で放った2ランホームランである。「左翼塀越しにホームランし」(『読売新聞』5月23日)。さすがに「べーブ山下」と呼ばれた長距離打者のことはある。

甲子園初本塁打は神港商業の山下実

そこでまた疑問が湧いた。よく語られるように１９３４年来日したベーブ・ルースら大リーグの強打者にも打てなかった甲子園球場の柵越えホームランが、2年後にスタートした日本プロ野球大阪大会でいきなり4本も飛び出したのはなぜか。もう一つ、プロ公式戦で甲子園の柵越えホームランを最初に打ったのが阪急の堀尾だったことは確認できたが、プロ・アマ、公式戦・オープン戦を問わず、一番最初に甲子園でオーバーフェンスのホームランを放ったのは一体誰なのか。１９２４年8月1日の甲子園開場から１９３６年7月11日の堀尾の一発まで、甲子園のホームランの歴史を球場グラウンドの変遷とともにたどってみたい。柵越えホームランにはホームから外野フェンスまでの距離だけではなく、フェンスの高さやバットの質などほかの要素も影響するが、ここでは距離に絞って論を進める。

甲子園球場は１９２４年8月の開場時から外野のどデカさは柵越え本塁打にとって一番の難敵だった。

甲子園は野球専用球場として作られたものではない。もともと外野でラグビーやサッカー、陸上競技ができる多目的スタジアムとして設計された。そのため、ホームから左右両翼３６０フィート（１１０ｍ）、中堅３９０フィート（１１９ｍ）に対し、左中間・右中間はグッとえぐるようにグラウンドが外野に深く入り込み、中堅よりも長い４２０フィート（１２８ｍ）もあった。左翼・中堅・右翼を結ぶフェンスがほぼ直線のため、フェアグラウンドはまるで正三角形にさえ見える。野球場としては異様な巨大形状を誇っていたのだ。その巨大さゆえに甲子園の本塁打といえば、ボールが外野を転がる間に打者がベース１周してホームインするランニングホームランと決まっていた。

甲子園初本塁打は、先に登場したのちの慶応、阪急のスラッガー山下実が神戸の第一神港商業時代にマークした。甲子園球場オープン直後に開催された夏の全国中等学校優勝野球大会４日目（１９２４年８月16日）第１試合、神港商業—早稲田実業戦。４番一塁手の山下は３回裏ボールカウント１－１からの直球をフルスイング。打球は右中間を深々と破り、球場初のホームランとなった。しかしこの一打はワンバウンドで外野塀に当たったランニングホームランである。この24年の大会では計19本のホームランが飛び出したが、いずれもランニングだった。

１９２４年８月の開場時〈単位：フィート、（ ）内はメートル〉

左翼線	左中間	中堅	右中間	右翼線
360（110）	420（128）	390（119）	420（128）	360（110）

1925年に2回目を迎えた春のセンバツ大会（全国選抜中等学校野球大会）は、名古屋の山本球場から甲子園に場所を移して開催された。第1日（3月31日）第2試合、第一神港商業の山下が長野商業戦、2回裏1死一、二塁の場面で初球を右中間フェンスにワンバウンドでぶつけるランニングホームランを放った。春の大会における甲子園ホームラン第1号も山下実だった。

巨大サイズだった甲子園グラウンド

その後、甲子園に順次改修の手が加えられた。1929年2月、外野に芝生が張られ、同年7月、内野スタンドの先には甲子園名物となる高さ14・3mのアルプススタンドが完成した。31年7月18日には、それまで内野スタンドの上にしかなかった大鉄傘がホーム後方から伸びてアルプススタンドまでを覆った。32年10月1日、三塁側アルプススタンドの下に室内温水プールが、一塁側下には室内運動場が造られた。しかし、いずれの工事も開場時のフィールドの大きさに変化はおよぼしてはいない。外野は土盛りの堤で囲まれ、堤の外側にある松の木が頭をのぞかせているだけで、グラウンドの距離感がとりにくかったため、バッターには球場の広さは実際よりもさらに巨大な印象を与えた。観客数についても、当時の雑誌が「無慮十万」ときまって書くほどのマンモス球場だった。

巨大なサイズのままの甲子園グラウンドに、柵越え本塁打が出ない月日が経過した。開場以来、甲子園のグラウンドには、プロや大学など日米野球で来日したアメリカのスラッガーが登場したが、一度も外野フェンスを飛び越える打球を打てなかった。ただし、来日アメリカ人選手による外野フェンス直撃弾が３例、新聞などで確認できる。冒頭の堀尾のホームランまで日本の選手は柵越えはおろか、外野フェンスにすら当てた者はいなかった。

甲子園球場の外野フェンス直撃弾（開場から１９３６年までの期間）

（１）１９２７年４月６日　黒人プロチーム、フィラデルフィア・ロイヤル・ジャイアンツのラップ・ディクソン中堅手が大毎２回戦の３回、渡辺大陸投手から放った一打。「三回ビク《ママ》ソンの強打は中堅外壁にぶつかり跳返つて三塁打に終つたが甲子園球場の強打の記録を造り……」（『神戸又新日報』27年４月８日）

（２）１９２９年６月８日　カリフォルニア大学のマーシャル・リックセン中堅手が慶応戦６回、上野清三投手から中堅壁に当てる二塁打。「リツクスンの中越大ライナーは外壁に当りはね返つて二塁打となる」（『読売新聞』29年６月９日）

（３）１９３１年11月22日　読売主催第１回日米野球のとき大リーグ選抜チームのラルフ・シナーズが「四回中堅越え塀へノーバンドで当る大三塁打」（『読売新聞』31年11月23日）

外野のレンガ塀には打球が当たった場所に記念の○印がつけられた。

本塁打王ベーブ・ルースも恨み節

そして迎えたのが、１９３４年秋、読売新聞社が主催した第2回日米野球である。大リーグ本塁打王ベーブ・ルースらが顔を揃えた「世界最強無敵軍」が甲子園にもやってきた。11月24日、第13戦、ルースらのアメリカン・リーグ選抜と全日本が対戦した。

３番ルースは5度打席に立ち、2単打、１四球、１三振、二塁ゴロの４打数2安打。ルースなら甲子園初の柵越えを軽々と打てるはずと期待して早朝から詰めかけた7万人のファンを落胆させた。ルースばかりではない。来日直前に三冠王に輝いたばかりのルー・ゲーリッグも6打席、2安打、１四球。8回、全日本投手青柴憲一から中堅を襲う大三塁打を放ったが、この打球はフェンス越えでも、フェンス直撃弾でもなかった。「彼の一打は快音とともに球は中空を直線で突き左中間の塀に直接達しなかつたが超人会心の当りであつた」（『大阪毎日新聞』11月25日）。前年の大リーグ三冠王ジミー・フォックスは6打席、安打なし、２四球。日米両チームの長打はゲーリッグの三塁打1本だけに終わった。アメリカチームは13安打、９四球と全日本の内野エラー6を活かし、15－3と大勝した。

翌11月25日には甲子園で日米両チームの選手が混合し二手に分かれての紅白戦（第14戦ベーブ・ルース組対ビング・ミラー組）も行われたが、やはり大リーガーからはフェンス越えはおろか1本の本塁打も出ず、関西ファンの期待を連日裏切る結果となった。5回、０－3で3点を追うルース組。１死満塁のチャンスにルースが登場した。3点差ながらホームランが出れば逆転だと場内は沸き立った。マウンドのクリント・ブラウン投手は「真剣になり、このルースの一打はライトへ高く上がり、柵越えかと思わせる大きな当たりだったが、捕られてしまいスタンドからは長く大きなため息が漏れた」（*Japan Chronicle* 11月27日）。ルースの大きな犠飛で1点を返したにとどまり、ルース組はこの試合1－5で敗れた。

2試合ともルースもゲーリッグもフォックスも、1本もオーバーフェンスを打てなかった。ルースは40歳を間近に引退の噂が出ている中、甲子園でのホームランこそなかったがパワーの衰えを一掃するかのように日本各地で打撃を爆発させた。日米全18戦（混合紅白戦を含む）でアメリカチームはホームラン合計47本と量産し、日本のファンに桁違いのパワーを見せつけた（全日本は3本）。その中でもルースはトップの13本、2位のアール・エビレルの8本に5本差をつけた。打率でもルースは・408（76打数31安打）で1位。復活した本塁打王の姿を日本のファンに印象づけ、自分にもその手応えをつかんだだけに、甲子園で柵越えを打てなかったことがよほど悔しかったのか、「バカバカしい大きさだ」（『野球界』35年1月）と、甲子園への恨み節を吐いたのである。

甲子園球場前に建てられた「野球王ベーブ・ルースの碑」

日米野球8か月前の拡張工事

「阪神電鉄では甲子園野球場をプレーヤのプレーをやり易くするためと観衆の収容人員を増大するため球場改築の案をたて、ゐたが今回約二万円の予算でその第一期工事としてとりかゝることとなつた」(『大阪毎日新聞』34年2月14日)

この年(1934年)の春、毎日新聞社が主催するセンバツ大会の前に、沸騰する中等学校野球人気に応えるため観客収容人数増をねらっての甲子園球場「第一期改修工事」が行われた。この工事により、スコアボードが新装されたことはあちらこちらにその記述が見られる。しかし、開場以来はじめてグラウンドの大きさに手をつける工事だったことは、阪神タイガースの公式球団史や甲子園球場を扱った本などからもスッポリと抜け落ちている。

「第1期改修工事」とは、『大阪毎日新聞』などによると、つぎのような工事内容だった。アルプススタンドの前方に6段の観客席が迫り出してきた。ダイヤモンドはバックネット方向に30フィート(9・14m)引き寄せられた。その結果、ホームプレートとバックネット間の距離が、従来90フィート(27・43m)もあったのが60フィート(18・29m)へと短縮され、捕手後方のファールエリアが狭くなった。このため、これまでは捕手が後逸したパスボールの間に一塁ランナーが三塁まで達することもあったが、それはなくなった。今でも広いと言われる甲子園のホーム後方バックネットまでのファールエリアは、この工事で現在の大きさになったもので、それ以前は距離が1・5倍も長かったということだ。

1934年の第1期改修工事でさらに広くなった甲子園の外野風景（著者所蔵の絵葉書）

ダイヤモンドの30フィート移動にともない、外野の広さが変わった。左翼線・右翼線は３６０フィート（１１０ｍ）から３１１フィート（95ｍ）へと約50フィート大幅短縮がなされた。その一方、ライン際を除く、中堅を挟んで左中間から右中間までの外野フェンスは、この改修工事では手をつけていず、ホームがバックネットに30フィート引き寄せられた分、ホームからセンターまでの距離は30フィート伸びて、３９０＋３０＝４２０フィート（１２８ｍ）となり、従来よりもさらに長くなった。

困ったことには、発見した第1期改修工事に関する資料に、30フィートの移動にともないホームから左中間・右中間への距離がどう変わったのかの記述がない。左中間・右中間への長さは開場以来の甲子園の特徴であり、オーバーフェンスのホームランが出やすいかどうかはこの距離に大きくかかわってくる。

そこで１９９３年12月のある日、旧知の〝野球場博士〟沢柳政義を東京・西荻窪の自宅に訪ねた。東京都職員から野球場研究家となり、家作を売り食いしながら研究に没頭したという伝説的人物として知られる。自宅門には「野球場研究所」の小さな木札が出ていた。ドーム建設など新設球場のコンサルタントとしても引く手あまただった。沢柳はその3年前（1990年10月）に、野球場の作り方から日本と世界の野球場情報まで網羅した大著『野球場大事典』を上梓している。

その沢柳にして甲子園のこの第1期改修工事について、「初耳だ、まったく知らなかった」と告白した。『野球場大事典』は、甲子園グラウンドのサイズの変遷を表にしているが、この第1期改修工事の分が抜け落ちている。私の収集した文献を提供し、沢柳が製図をして、ホームから左中間・右中間の距離を448フィート（137m、ホームを起点としファールラインから22・5度の角度の延長線上）と割り出した。

では、第1期改修工事が柵越えホームランの可能性にとって、どのような意味をもったのか。その答えはズバリ、開場以来マンモス球場と言われた甲子園の外野のフェアグラウンドが1934年3月のセンバツの前に、さらに一回り巨大に改修され、柵越えがより出にくくなったという事実である。同年秋、ルースを迎えた甲子園は、両ライン際こそ短くなり、たしかにそこへの柵越えホームランは出やすくなった。しかしホームから左中間・中堅・右中間は、開場以来柵越えが出なかった距離よりもさらに伸びた。とくに左中間・右中間は中堅よりもグンと大きくえぐった形に変わり、ホームからの外野フェンス最長距離は448フィートにもなっ

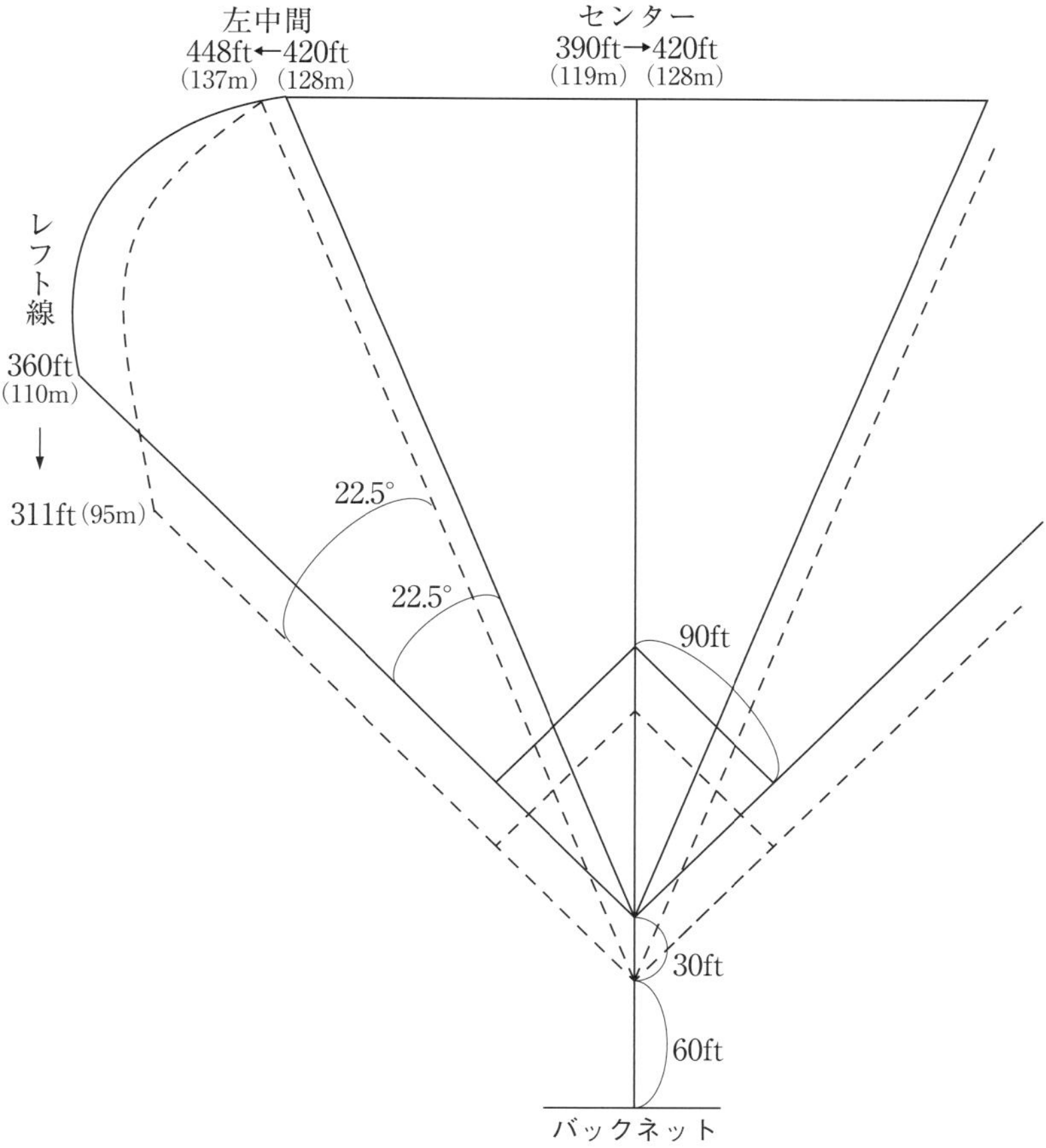

1934年の甲子園球場第1期改修工事
実線――は、1924年開場当時のグラウンド
破線- - -は、1934年の改修工事によりダイヤモンドがバックネット側に30フィート引き寄せられた

ていたのである。もし外野手が抜かれた場合、ランニングホームランになる可能性が一段と高まった。

日米野球で来日した大リーガーにとって甲子園の広さはまさにお手上げ状態だった。ルースの恨み節は取り上げられるが、甲子園グラウンドの拡張工事が日米野球の8か月前に行われていたことは知られていない。

マック団長の甲子園批判

ルースだけではなく、アメリカチームを率いて来日したコニー・マック団長（フィラデルフィア・アスレティックス監督）はアメリカのプロ野球観から、大リーガーにホームランが1本も出なかったことで、「球場が広過ぎて野球の興味を殺ぐ」と甲子園球場を批判した。

けふの試合は試合としての興味は薄かつた、その主たる原因はホームランが一本もでなかつたゝめである、何といつても試合にはホームランが付き物である、ところが甲子園のグラウンドは米国メージャー・リーグの十六チームが持つてゐるグラウンドに比べて遥かに大きなものであつて、このやうな大きなグラウンドでホームランを打つといふことは絶対に不可能といはなければならない、……あまり広いグラウンドで試合を行ふことは試合の興味を減少するばかりである（『読売新聞』11月25日）。

第1期改修工事（1934年春）の結果〈単位：フィート、（　）内はメートル〉

左翼線	左中間	中堅	右中間	右翼線
311(95)	448(137)	420(128)	448(137)	311(95)

マック団長の批判を知って、当時の甲子園と１９３４年シーズンの大リーグ全16チームの本拠15球場を比較してみた。すると、ホームから左右両翼と中堅までの距離については、甲子園が特別長過ぎたというわけではなかった。左中間を見ると、ヤンキースタジアムの「死の谷」と呼ばれた４６０フィート（１４０ｍ）、リーグパーク（クリーブランド）４６７フィート（１４２ｍ）、フォーブズフィールド（ピッツバーグ）４５７フィート（１３９ｍ）は甲子園を上回る距離だ。しかし、アメリカの球場は一般的に左右非対称で、左中間と右中間の両方ともに広くはなっていない。左打ちのルースがホームランを叩き込むホームグラウンド、ヤンキースタジアムの右中間は最深部でも４２９フィート（１３１ｍ）、右翼線にいたっては２９５フィート（89・９ｍ）でしかない。

ちなみに、左中間の距離では甲子園を上回ったリーグパークの右中間は４００フィート（１２２ｍ）、フォーブズフィールド４０８フィート（１２４ｍ）と、いずれも甲子園の４４８フィート（１３７ｍ）に遠くおよばない。左中間・右中間の両方ともに巨大な甲子園の外野に大リーガーたちが度肝を抜かれたとしても不思議はない。

ちなみに、甲子園批判を展開した大リーグ選抜チーム団長マックが監督を務めるフィラデルフィア・アスレテックスの本拠球場シャイブ・パークは当時の球場に典型的な箱形である。左翼線334フィート（102m）、右翼線331フィート（101m）、中堅468フィート（142m）であるが、左中間385フィート（117m）、右中間382フィート（116m）と外野のふくらみが甲子園に比べてずっと小さい。

1934年の大リーグ球場の大きさ（単位はフィート）

	左翼線	左中間	中堅	右中間	右翼線
ヤンキースタジアム	281	460	490	429	295
大リーグ球場の平均	344	406ⓐ	432	394ⓑ	319
甲子園球場（1924年）	360	420	390	420	360
甲子園球場（1934年）	311	448	420	448	311

（ⓐは資料のある12球場、ⓑは10球場の平均値）

新富卯三郎が放ったホームラン

前述のように、甲子園での第2回日米野球第13、14戦、大リーグの看板打線から本塁打は出なかった。ところが、大リーガーではなく、思いがけなくも日本選手からホームランが飛び出していたのである。第14戦（混合紅白試合）ミラー組8回の攻撃、先頭の新富卯三郎がルース組青柴憲一の投げるカウント1－1からの高目の直球をたたいて、左翼にホームランを放っている。

ここで話はまたしても「左翼越」「左翼頭上を越す」「左翼頭上を抜く」の言葉に行き当たる。新富のホームランは柵越えを意味するのか、それともランニングホームランだったのか。柵越えなら甲子園球場史上初の柵越えホームランである。

新富のこの一発はつぎのように報じられた。

『読売新聞』（11月26日）「八回ミラー軍新富一ー一後の高目の直球を一撃して左翼越にホームランを放ち」

『神戸新聞』（11月26日）「ミ軍新富左翼頭上を越すホームランを憂飛ばし」

『新愛知』（11月26日）「八回ミラー軍新富一ー一の後左翼頭上を抜く本塁打でまた一点を加ふ」

Osaka Mainichi（11月27日）「大リーガーからは一本のホームランも出なかったが、8回、ミラー軍の新富がホームランを打ち、打球に頭上を越されたルース軍の左翼手も驚いたが、まさか日本選手がホームランを打つなんて考えたこともなかったファンをも驚かせた」

鈴木惣太郎「日本野球史21」『野球日本』（1950年8月）「この試合中の圧巻は八回の先頭を切つたミラー方の新富卯三郎三塁手が、1ー1後、青柴の高目直球を左翼越しに本塁打して、さしもの米選手を唖然とさせたことである」

これらの描写から新富のホームランが柵越えだったとの確証は得られない。さらに『大阪時事新報』（11月26日）は、「第八回新富の左翼直球を野手目測を誤つて前進、頭上を抜かれて本塁打となり合計五点を挙げた」と書いた。この一文を素直に読めば、レフトの中島治康は新富の一打がライナー性の当たりだったことから、いったん前進した。「本塁打となり」という表現は、打球の落下地点は不明だが、レフトのミス的要素が加わって「ランニングホームラン」になってしまったというニュアンスが読み取れる。この一打はオーバーフェンスではなかったということになる。

東京の『都新聞』（11月26日）は、大阪からの電話によるベタ記事を載せた。それによると、

甲子園での日米野球でホームランを放った新富卯三郎は、翌35年の東京ジャイアンツ北米遠征にも参加した。これは6月24日北米遠征を終えてサンフランシスコ港で大洋丸に乗り込んだ時の一枚。後列右から中山武、新富、江口行男、水原茂。前列は山本栄一郎（右）と苅田久徳（Kikuji Ryugo氏提供）

この試合の本塁打は1本もなく、新富の一打は「三塁打」と書かれている。もちろん、これまで新富のこの当たりを球場開場以来柵越えホームランの第1号と言ったものにはお目にかかったことがない。新富は163センチと小柄ながら小倉工業を経て門司鉄道局で4番を打ったパワーヒッターで、長打こそ彼の真骨頂だった。全日本監督で巨人初代監督になる三宅大輔は、「恐らく日本が生んだ打者中で最も優秀なものであったと私は考えている」(『週刊職業野球』50年12月2日)とまで新富のバッティングを高く評した。

第2期改修工事でほぼ現在の大きさに

堀尾のフェンスオーバーにもどろう。プロ野球リーグ最初のシーズン1936年。この年は甲子園球場で第2期改修工事が行われた。外野席は鉄筋コンクリートのスタンドへ改造された。それと同時に巨大なグラウンドを、今度はほぼ現在の大きさに狭める工事が行われた。その結果、ホームから左中間、中堅、右中間への距離がすべて390フィート(119m)で、ひとつの弧の上にきれいに並んだ。

第2期改修工事(1936年6月)の結果〈単位:フィート、( )内はメートル〉

左翼線	左中間	中堅	右中間	右翼線
300(91)	390(119)	390(119)	390(119)	300(91)

1936年4月29日から5月5日にかけて、北米遠征中の巨人不在の中で行われた第1回職

業野球リーグ戦の６日目、プロ野球リーグ公式戦初本塁打は甲子園で誕生した。リーグスタートから通算12試合目だった。５月４日、タイガースの藤井勇がセネタース戦の５回に野口明投手から放った打球はセンターの横を抜けて転がる間に藤井がベース１周したもの。つまり、日本プロ野球公式戦第1号はランニングホームランだったのである。

しかしオーバーフェンスとなると、堀尾のわずか２週間前の６月27日。大阪タイガース主砲景浦将が東京巨人とのオープン戦で左翼スタンドに打ち込み、これが甲子園球場のプロ野球柵越え本塁打第1号となった。このホームランを『読売新聞』（36年６月28日）はつぎのように伝えている。（　）内の記述に注目したい。

「四回影浦《ママ》の左翼柵越本塁打（柵は従来のものより改築工事のため約十間前に出てゐる）」

つまり、景浦のホームラン（６月27日）までにグラウンドを小さく変える第２期改修工事が完了していたのである。ホームから左中間・右中間への距離が第１期工事の４４８フィート（１３７ｍ）から３９０フィート（１１９ｍ）へとちょうど58フィート（18ｍ）一気に短縮された。10間＝18ｍであるから、『読売新聞』の記述とぴったり一致する。そして飛び出した景浦のホームランが「甲子園のプロ野球オープン戦柵越え本塁打第1号」となった。冒頭の堀尾の柵越えホームランは、景浦（オープン戦）と違って公式戦だったこと。つまり「甲子園でのプロ野球公式戦柵越え本塁打第1号」である。

まとめれば、甲子園は開場からプロ野球が始まった１９３６年の堀尾の柵越えホームランまでに外野フェンスまでの距離を変える二度の改修工事が行われた。1934年の第1期改修工事で巨大な甲子園グラウンドが開場時よりもさらに大きくなり、ベーブ・ルースが甲子園のバッターボックスから見た外野フェンスは球場史上もっとも遠い距離にあったのである。日本のプロ野球リーグは1936年誕生し、この年6月までに第2期改修工事を終えグラウンドが小さくなった甲子園で、景浦や堀尾らの柵越え本塁打が何本も飛び出した。甲子園のグラウンド改変の歴史について書かれた本を読むと、第1期改修工事を飛ばし、開場時から一気に第2期工事へと移るものがすべてである。それではルースの怨み節を正しく理解することはできない。

☆甲子園球場本塁打第1号（ランニングホームラン）
1924年8月　山下実（神港商業）　早稲田実業戦
☆プロ野球公式戦本塁打第1号／甲子園球場でのプロ野球本塁打第1号（ランニングホームラン）
1936年5月4日　藤井勇（タイガース）　セネタース戦
☆プロ野球公式戦柵越え本塁打第1号（宝塚球場）
1936年5月22日　宝塚大会　山下実（阪急）　大東京戦
☆甲子園球場でのプロ野球オープン戦柵越え本塁打第1号
1936年6月27日　景浦将（タイガース）　巨人戦

☆甲子園球場でのプロ野球公式戦柵越え本塁打第1号
1936年7月11日　ジミー堀尾（阪急）　巨人戦

顔写真のない男、カウボーイ長谷川重一

ジミー・ボンナと長谷川重一

日本のプロ野球リーグ発足1年目の1936年、シーズン途中に大東京に入団し、わずか7試合だけ日本でプレーした米国黒人投手、ジミー・ボンナ（Jimmy Bonner）の選手契約書がアメリカで見つかったと話題になったことがあった。スポーツ新聞に勤める友人が、日本プロ野球の黒人選手第1号ボンナの写真を見たことがないと言ったので、写真なら大東京のスポンサー『国民新聞』など当時の新聞に何枚か掲載されていることを伝えた。しかし、アメリカ人の野球史家が懸命にルーツを探っているが、いまだに新聞に掲載された以外の写真は見つかっていない。

その友人が言うには、日本プロ野球に登場した外国人選手のうち、顔写真が見つかっていないのはボンナと長谷川重一（イーグルス／黒鷲40、41年）の二人だとのこと。それから7年が経過した。『週刊ベースボール』2019年7月29日号は特集「完全保存版歴代外国人全選手写真名鑑」を組んだ。日本プロ野球（1936年～2019年）に登場した外国人選手1256人

（ベースボール・マガジン社が外国人と類別した選手）が紹介されているが、太平洋戦前・戦中期（1936年～1944年）にプレーした中で、顔写真がないのは、ボンナと長谷川の二人だけである。いずれも野球ファンにはあまり知られていない名前だろう。

長谷川は、いまだに写真もないのか……。

実は、私は長谷川の写真を見たことがある。それどころか、1989年に長谷川本人に会って話を聞いたことがある、それも二度も。そんな謎の男になってしまったのなら、書いておかねばと思う。

戦前の日本プロ野球に登場した最後の外国人選手

1986年から1994年にかけて、私は日米開戦前に日本プロ野球に登場した日系人選手をリストアップしようとアメリカ本土、ハワイと日本の各地を訪ねて回った。てっきりカリフォルニアにいるものだと探していたら、東京のビジネス界で成功していたキヨ野上清光や、日本生まれのため本来ありえなかった日米二重国籍だった中日ドラゴンズと東京オリオンズの元監督濃人渉らを突き止めた。拙著『ベースボールの社会史　ジミー堀尾と日米野球』（東方出版、1994年）で、野上と濃人を含め計19人を発表した。完璧なリストでないかもしれないとの心配もあったが、以来四半世紀が経過し、いまだに日米どちらからもリストの間違いの指摘もなければ、あらたな人名の追加も挙がっていない。

元イーグルス投手長谷川に会ったのは、ハワイ出身明治大学キャプテン・内野手で鳴らし、ジャルパック相談役に就いていた亀田兄弟の四男重雄から紹介された弟（五男）、トシ亀田俊雄からの情報だった。トシは39年・40年タイガース／阪神でプレーしたが、球団に「敏夫」と誤って選手登録された。トシたちはオアフ島ワイアルアの有名な野球8兄弟。兄（次男）のテッド亀田忠（イーグルス／黒鷲1938春〜41）は、日本プロ野球で3度のノーヒッター（一度は1失点）を成し遂げた伝説の豪腕投手である。

東京・吉祥寺の自宅にトシを訪ねると、「カウボーイ長谷川ならこないだミッドパシフィック創立50年のリユニオン（同窓会）に来た。ホノルルでドライクリーニング・ショップをやっている。ものすごい金持ちよ」と言った。二人はホノルルのミッドパシフィック高校で同級生だった。

1989年秋、ハワイ・オアフ島に第2次大戦中のハワイ野球史を調べに行ったときのこと。長谷川のクリーニング店は電話帳に載っていた。11月14日、電話で聞いた通りにホノルルからバスでカイムキ地区へ出かけた。

白い建物の壁に書かれた「King Kleaner」の大きな看板はすぐに見つかった。洗濯工場の作業場はさすがにムッとする暑さだ。71歳の長谷川は短く刈り込んだゴマ塩頭。メガネをかけ、下着のような白いTシャツ姿でアイロンがけの真っ最中だった。「野球の話を聞きにきた者なんていない」と素っ気なく言いながらも、近くのコーヒーショップに誘ってくれた。

King Kleaner を経営していたカウボーイ長谷川（1989 年 11 月 14 日、著者撮影）

カウボーイ長谷川重一（Fred Shigeichi "Cowboy" Hasegawa）に、まっさきに日本プロ野球での記録を見せると、「これが長谷川か、重一か」と訊いた。重一は「ジューイチ」と読むと思っていたら、「ノー、ジューイチと読むがシゲイチ」ときっぱりと答えた。英名は？「フレッド。でも日本じゃフレッドと呼ばない。長谷川投手と呼ばれた」。さらにトシ亀田から聞いた「カウボーイ」というニックネームについて、その由来を尋ねたが、照れたのか、答えず誤摩化された。

カワイ島マカウェリ生まれ

ハワイ球界の最高峰は１９２５年にスタートしたオアフ島ホノルルの最強セミプロが集まったハワイ・ベースボール・リーグ（以下ハワイリーグ）。戦前戦後をとおして日本でプレーしたボゾ若林忠志、カイザー田中義雄、テッド亀田、トシ亀田、ディック柏枝文治らハワイ出身選手の多くが、来日前に、このリーグに所属する日系チーム「朝日」を活躍の舞台とした。「朝日」は、オアフ島内の日系人リーグから選抜されたオールスターで構成された日系最強チームで、日系人の子どもたちにとっては憧れの的だった。しかし長谷川には「朝日」の球歴がない。

それもそのはず、長谷川の出身はホノルルのあるオアフ島ではない。1918年4月28日、ハワイ・カワイ島のマカウェリ砂糖プランテーションで生まれたからだ。カワイ島は豊かな自然に恵まれ、「ガーデンアイランド」と呼ばれるほどハワイ諸島の中でもっとも美しいといわれる。父親は新潟県からの移民一世だが、母親がハワイ生まれの日系二世のため、当時としてはまだ珍しい三世。両親は、一人っ子をオアフ島ホノルルのミッドパシフィック校に送り出した。

ハワイ大学マノア校の裏手の小高い丘にミッドパシフィック校はある。この全寮制高校の出身者で日本プロ野球のユニフォームを着た先輩選手には、のちに日本で長谷川のチームメイトとなるサム高橋吉雄（名古屋36年、イーグルス37年、黒鷲40、41年、大和43年）がいる。また1932年カリフォルニアのマイナーリーグで中国系二世投手と投げ合ったケンソウ主田賢三ら日系の名選手が少なくない。長谷川は「悪ガキ連中が集まるところさ」と人懐っこい笑顔で冗談を飛ばした。

ハイスクール時代の長谷川は野球ではなく、もっぱらバスケットボール部のフォワードとして活躍した。なぜ野球ではなかったのか。「ノーチャンス、亀田（トシ）がおったから。亀田がピッチャーやってた」。野球部の同学年には絶対的エースの左腕トシ亀田がいた。長谷川は4年生になってはじめて野球部に入り、一塁を守った。「〔野球には〕興味がなかった。ただ最後の年に一塁をやりました。〝ハイスクールだったら〟〔それまで〕やってないのならもう遅すぎます」

野球部コーチは同校の数学教師、のちに阪神捕手・監督になるカイザー田中だった。

長谷川は1938年にハイスクールを卒業すると、故郷カワイ島マカウェリにもどり、製糖工場に仕事を得た。どんな仕事だったのか尋ねると、「ウォッチ(watch)してた。誰か失敗すると助ける」と日本語で答えた。工場の班長みたいな役目だったのだろう。野球と本格的に取り組んだのは、マカウェリ・プランテーションのチームから投手をたのまれたからだ。「卒業して〔カワイ島に〕帰ってからピッチングを始めたんです」

砂糖プランテーションとハワイ野球

1835年カワイ島コロアに最初の砂糖プランテーションが開かれ、砂糖はハワイの第一産業になった。白人プランターたち経営者は必要な安い労働力を世界中からかき集めた。低賃金、そのうえ炎天下の過酷な作業に耐えかね労働環境の改善を要求してストライキがたびたび起こった。1909年大規模ストライキは移民労働者側の敗北に帰したが、プランターたちはストライキによるダメージを痛感し、かれらの不満解消のため、各プランテーションにスポーツ福祉施設の充実を図ることにした。とくに野球に力を入れる方針がプランター協会から通達され、各プランテーションに青い芝生のグラウンドがつくられた。ハワイで野球が盛んになった大きな要因の一つがここにある。

「プランテーションにはバスケットボールコートもベースボールフィールドもありました。われわれはラッキーでした。毎日練習しましたよ」

カワイ島のプランテーションでも子どもの頃からバットを振り、ボールを投げた。「だいたい7チームあった。マカウェリ、ワイメア、ハナペペ、リフエ、カパア……そういうの全部プランテーション〔ごとのチーム〕。プランテーションに住んで、バスケットボール、フットボールと、なんでもやった」

ハワイ野球のもう一つの特徴は、移民労働者が出身国（民族）別にチーム編成され、民族対抗戦としての熱気が注入されたこと。1920年代半ばまでには、アメリカ本土では見られないほどリーグや大会などが組織的に整備され、下級レベルから上級リーグへと移行するハワイ野球のカレンダーが確立した。ハワイ野球の強さは砂糖産業と切っても切れない関係の中で培われていったのである。

カワイ島で野球に熱心に取り組んだ移民一世の一人がワイメアで雑貨商と電気工事会社を営む広島出身の一世、濃人鍬一。1925年創立の加哇《カワイ》日本人野球リーグの生みの親となった。のちの中日と東京／ロッテの監督、濃人渉の父である。その4年後の1929年には長男渉がプレーする広陵中学チームを夏休みにハワイに招待した。長嶋茂雄が巨人入りする前の三塁手だったディック柏枝文治（1953年巨人入団）は長谷川と同じマカウェリの出身。柏枝家も野球一家だった。ディックの兄ゴロウ柏枝五郎がマカウェリ・チームのキャプテンだった。ゴロウの下に、長谷川と同年の一二三がいて、長谷川は自分より6歳下のディックが野球を始めたのを覚えているという。

ハワイ対島野球大会優勝の立役者となる

長谷川の転機はミッドパシフック校を卒業した翌年にやってきた。

1939年秋、ホノルルのハワイリーグ主催のテリトリアル・チャンピオンシップ大会が開催された。当時、ハワイは米国の準州（Territory）だったので、その名がある。ハワイ4島（オアフ、ハワイ、カワイ、マウイ）の各シニアリーグのその年のチャンピオンチームがホノルル・スタジアムに集結し、文字通り全ハワイ最高位を賭けて激突する（シニアリーグとは選手の年齢ではなく、最高レベルのリーグという意）。野球シーズン最後を飾るハワイ球界のメインイベントである。島別対抗戦なので日本語では「ハワイ対島野球大会」と呼ばれた。だが実際には人口基盤が大きく、他島より圧倒的に多くの人も物も集まるオアフ島ホノルルのハワイリーグの代表チームがほぼ自動的に優勝をさらっていた。1940年国勢調査によれば、ハワイ総人口は42万2770人。オアフ島には25万7696人（ハワイ全人口の61％）、ハワイの政治経済の中心ホノルルにはそのうちの17万9358人（同42％）が集中していた。ちなみにカワイ島の総人口は3万5818人（同8％）にすぎない。

1939年の対島野球大会は9月1日から4日間、4チーム総当たりで熱戦を繰り広げた。

長谷川を主戦投手とするカワイ島代表マカウェリ・インディアンズの第1戦、相手は優勝確実視されていたオアフ島のハワイリーグ覇者、白人系チームのワンダラーズだった。先発マウンドに上がった長谷川は初回2死から2安打と四球で2点を先制されたが、9イニングを散発11安打、4三振で投げ終えた。マカウェリの攻撃は4回に2－2の同点とし、さらにこの試合の10安打のうち6、7、8回に7本を集め、各1点ずつを追加した。5番バッター長谷川は6回に勝ち越しタイムリーを放つと、8回には7回から登板したハーバート・バスター・ノース投手から二塁打を放った。マカウェリは5－3で逆転大番狂わせを演じた。ちなみに、ワンダラーズのバスター・ノースはホノルル出身。ロサンゼルスのセミプロ撮影所チーム、パラマウント・カブスの主戦投手となり、1936年にはバッキー・ハリス、サム高橋とともに日本プロ野球の名古屋に入団し、日本プロ野球初の勝ち投手になった。しかし、1シーズンで日本を去り故郷ハワイにもどっていた。

この大会のピッチングが長谷川の野球人生のあらたな扉を開くことになったのだが、本人は試合の出来は「良くもなく、悪くもなかった」と実にあっさりと半世紀前を振り返った。

第2戦、マカウェリは、ハワイ島代表チームのヒロ・フィリピノズを4－3で破った。長谷川は3番右翼手で出場し3打数2安打。第3戦、マカウェリは21－3とホノルル・スタジアム始まって以来の大量得点で、マウイ島オールスターズを一蹴した。5番一塁手長谷川は5打数1安打（二塁打）、3打点。この結果、マカウェリ・インディアンズは3戦全勝でハワイ全島の頂点に立った。3試合で長谷川のバッティングは12打数5安打。
優勝一番手と目されていたオアフ島代表のハワイリーグ覇者を倒しての優勝は、立役者長谷川を一躍時の人とした。
「大日本麦酒のセールスマンが、アメリカから日本に帰る前にホノルルに来て、誰か野球選手を捜していた」（長谷川）
日本プロ野球リーグ発足2年目に加盟したイーグルスは、37年10月に親会社が後楽園スタヂアムから大日本麦酒会社に代わっていた。ハワイの新聞によれば、39年9月、大日本麦酒の輸出課長・頴川忠隆が渡米出張の帰途、ホノルルに立ち寄り、地元日系球界に優秀な人材の獲得を依頼した。当初、日本プロ野球のイーグルス投手テッド亀田の推薦もあってホノルル朝日の強打の一塁手、スス田中進の名前が挙がったが、田中はハワイ大学在学中のため申し出を断った。
「その後各方面の意見を徴した結果対島野球試合に加哇軍の投手、一塁手、外野手として万能振りを発揮し加哇軍を優勝に導いたフレッド長谷川繁一《ママ》君に白羽の矢を立て……」（『布哇報知』10月14日）
長谷川には断る理由がなかった。「まだ若かったし、それに結婚もしてなかった。親も喜んで送り出してくれた」。そうは言っても地元の新聞には「ちょっと不安だけど、ベストをつくすよ」と口にしている。

故郷カワイ島ハナペペの中華料理店で開かれた対島野球大会優勝祝賀会は長谷川の壮行会も兼ねた。

1939年10月横浜に到着

カワイ島を発ちホノルルで日本郵船鎌倉丸に乗り換え、1939年10月28日、横浜港に到着、長谷川ははじめて日本の土を踏んだ。そこには大日本麦酒のマネージャーが「長谷川」と大書した紙を持って出迎えた。日本の学校に通っていたミッドパシフィック時代のクラスメイトの顔もあった。しばらくは、クラスメイトが住む新宿のアパートに同居することにした。「明治や早稲田の大学に通っている二世と一緒に新宿のアパートで同居した。友人が自分のところに泊まれというので、それで彼のアパートに行ったんです」

新宿から後楽園へのはじめての電車は戸惑うことばかりだった。「新宿から通ってました。でも〔どこで降りたらいいのか〕わからなかった。〔水道橋〕駅がね。2か月したら覚えました。悪くないね、ヘッヘッヘッ」。はじめての東京でもマイペースだった。「新宿から通っているとき、私はハワイのような格好をしているから、ジロジロ見られましたよ。みんな背広着てるから」。その後、チームの寮に移った。

長谷川は10月31日、日本野球連盟理事会で選手登録され〔投手、背番号8〕、日米開戦前に来日した最後の外国人選手となった。日本でのプレー時の身長体重は、「5フィート7インチ

（170センチ）、140ポンド（63・5キロ）、スキニーでしょ」

ハワイの日刊紙は、長谷川の月給をプロ野球平均額120〜150円と報じているが、本人に聞くと、300円。当時、日系人選手には、日本人選手とくらべると「給料に色が付いていた」（マウイ島出身、元阪急・上田藤夫）と言われるが、実際破格の高給取りになった。「今じゃナッシングでしょ。戦争前の1938、39、40年でしょ。たくさんの人が一か月働いて25円か30円でした。でも、何でもチープよね、そのときは」

選手登録された日以降、イーグルスは39年シーズンの公式戦9試合（11月1日〜15日）を残していたが、長谷川のデビューはなかった。

日系人選手が一堂に会した座談会

日本プロ野球リーグでは、創立1年目の1936年シーズンからジミー堀尾やボゾ若林ら日系人の活躍が光っていた。先に見たように、戦前と戦後すぐの時期に日本のプロ野球にやってきた外国人選手の中にハワイ出身者が多かった理由として、ハワイ野球の民族対抗戦で養われた強い同族意識と、ハワイ社会には施設・組織の両面ともに野球選手育成のための環境が整っていたことがあげられる。1939年、40年にその人数は戦前戦中期ピークの13選手に達した。それにともない二世選手の日本での動向はハワイやアメリカ本土の日系人社会で大きな関心を集め、日系新聞はたびたび日本で活躍する日系人選手の特集を組んだ。

1940年1月東京・築地で開かれた布哇報知東京支社主催の日系二世選手座談会。後列右から上田良夫、古川正男、上田藤夫、トシ亀田、森口次郎、カイザー田中、前列右からジミー堀尾、山田伝、イーグルス監督山脇正治、長谷川採用に動いた大日本麦酒の顓川忠隆、ボゾ若林（Cowboy Hasegawa 氏提供）

1940年1月、ホノルルの日系新聞社・布哇報知の東京支社は、東京・築地の中華料理屋「延寿春」で日系人選手が一堂に会する座談会を主催した。「最近職業野球団へ、二世の進出が眼覚ましくなつてきました。新らしい職業戦線の開拓を布哇の同胞は多大の興味を以て注目してゐます。……職業野球に於ける二世の立場と今後に就て貴重な体験を在布同胞に報告したい」（『布哇報知』連載2月28日〜3月6日）。つまり、ハワイの日系人社会への日本プロ野球情報の提供と今後日本球界に進出しようとする後進へのガイドにしたいとの狙いがあった。

出席者は、ボゾ若林、カイザー田中、ジミー堀尾、トシ亀田（以上タイガース）、フランク山田伝、上田藤夫（同、阪急）、上田良夫（南海）、森口次郎（セネタース）、古川正男（イーグルス）の9選手とイーグルス監督山脇正治、長谷川獲得に乗り出した大日本麦酒の顕川忠隆ら。テッド亀田と長谷川が写っていないのは、二人が道に迷って出席できなかったからだという。

座談会で選手は日本とハワイとの気候の違いや日本の高い物価、失敗談・体験談を思い思いに語り合った。若林からは「将来は二世のみのチームを組織するまで頑張るのですね。もっとも、今日集まつたメムバーだけでも優勝する見込みがありますよ」と二世チーム結成論まで飛び出した。さらに、日米関係の悪化する中、堀尾は、ハワイとアメリカ本土の若者に向けて日本球界での二世選手の明るい未来と野球をとおしての平和の構築が必要との思いを発言している。「米国とお互に美点を研究し合つて仲善くし、太平洋を挟んで国際平和に尽す可きだ。外交も、日米間なら掛引きなく運ぶと信ずる」「野球のようなナシヨナルゲームを通じて、もっと親善に貢献したいものです」

1年目の好成績

当時、日本のプロ野球シーズンは春夏秋の3季に分けられ、優勝チームは年間通算成績で決められた。そのためシーズンの前後はもちろん、各季の間にも非公式戦が数多く組まれた。39年12月3日、後楽園で行われた「巨人優勝記念並びにマニラ遠征壮行野球戦」の2日目、長谷川はイーグルスの先発として後楽園球場のマウンドに上がった。セネタース打線を相手に4

安打、5三振、9四球で投げきり、非公式戦とはいえ初登板初勝利を飾った（7－2）。ただ、評論家鈴木惣太郎の長谷川評価は高くない。むしろセネタースに敗因があるようにも読める。「長谷川には特に眼立つた武器はないが低目を衝く〝伸び〟のある直球と同じく低目を流れるカーヴの交投にセ軍は散々に悩まされ苦しまぎれに悪球に手を出して失敗した」（『読売新聞』12月4日）。

翌1940年の日本職業野球連盟シーズンは3月15日、甲子園球場に9球団が揃い、入場行進で開幕した。3月17日、イーグルス2連敗直後のセネタース戦（神戸）に、長谷川は公式戦初登板を果たした。「制球力豊富で巧みな球速の変化を示す軟球でセ軍打者を散々手古摺らせ」（『読売新聞』）る快投を見せ、8回に2四球にエラーが絡んで1点を許したが、4安打、5四死球、2三振で完投し初勝利。チームにシーズン初白星をもたらした。

二度目の先発は4月13日、後楽園でのまたもやセネタース戦。しかし3回しかもたず自責点3で降板。イーグルスは1－6で負けた。鈴木惣太郎は、練習では良いが本番に弱い「村祭り投手」という言葉を紹介しながら長谷川を評し、激励に紙面を割いた。「練習では絶妙のコントロールに亀田以上の巧い球さばき」。しかし本番では四球を連発し、走者が溜まったところで適時打を食う。「何より制球力を養ふ事が大事で飽くまで辛抱強く研究しなければいけない……来朝なほ日の浅い長谷川は決して落胆すべきではなく寧ろ奮起一番〝村祭りの投手〟で終らせぬ大努力をすべきである」（『読売新聞』4月14日）。その後のピッチングでも、突如、四球

イーグルス投手、カウボーイ長谷川重一
（Cowboy Hasegawa 氏提供）

を連発し崩れ、適時打で得点を許すパターンが繰り返された。

１９４０年夏季の後半、全９球団がそろって満州リーグを展開した。「あれはよかった。満州では４、５か所でプレーしました。兵隊が見にきました。兵隊の慰問でしたよ」

秋季に入って「長谷川が意欲を増してきたので俄然強味を増してゐる」（『読売新聞』９月20日）と報じられたように、チームは一時波に乗った。９月28日、横浜での巨人戦、長谷川は中尾輝三との投手戦で巨人打線をヒット３本に抑え、３回巨人遊撃手白石敏男の連続失策による１点を守りきっての完封勝利を飾った。『読売新聞』が「長谷川の殊勲投」と見出しを打つほどの健投だった。

しかし先発しても勝ち負けが交互に付く、安定感に欠けるのが難点だった。その原因はたびたび指摘された長谷川のコントロールの悪さである。それを数字で見ると、１９４０年シーズンに規定試合数（30）に達した26投手の中で、９イニング当たりの与四球（BB／９）は、最悪の内藤幸三（金鯱）の7・46に次ぐビリから２番目（25位）、６・55。ちなみに、チームメイトの荒れ球投手テッド亀田でさえ５・38（22位）である。

しかし長谷川の防御率は１・72で10位。ランナーを出しながらもなかなか本塁に還さないピッチングがシーズン12勝11敗という1年目の好成績につながった。

イーグルスは104試合、46勝54敗4分。首位巨人から28ゲーム引き離された6位（9チーム中）で1940年シーズンを終えた。豪腕テッド亀田は「小山のような体つき。インターバル短く、パッパッパッと小気味よく投げ込む」（島秀之助審判）。投球回456・2、与四球273、奪三振297の3部門でリーグトップ、ノーヒットノーランも達成。「三振か四球か」の看板どおりの大車輪の働きをした。エースの亀田と長谷川の2投手を合わせて、先発（亀田46、長谷川29、以下同様の順）はイーグルス投手全体の72・1％、完投（リーグ1位の43、16）74・7％、勝利（26、12）82・6％、敗戦（23、11）63％。長谷川は亀田とイーグルスの両輪となっていたのだ。

1940年	奪三振／9イニング（K／9）	与四球／9イニング（BB／9）
亀田	5・85	5・38
長谷川	2・77	6・55

長谷川に日本での登板を質問した。「ピッチングは悪くなかったよ。得意球はやっぱりファーストボール。亀田（テッド）は全部カーブでしょ。彼は大きいでしょ、ビッグマン。今日投げて明日また投げる。戦前は〔1週間に〕4日だけ試合がありました」

この年、新聞紙上では、「選手」はすでに「戦士」と言い換えられていた。日中戦争は出口が見えず、プロ野球選手も続々と戦争にとられた。優秀な選手が不足していたこともあるだろ

イーグルスのテッド亀田（右）と長谷川両投手
（Cowboy Hasegawa 氏提供）

うが、長谷川はハワイ時代同様バッティングにも定評があり、一塁手で19試合、右翼手で1試合に先発し、代打でも10試合で9打数4安打、代走1試合と投手起用より試合数が多い。6月18日の巨人戦、一塁手で先発した長谷川は8回からマウンドに上がっている。バッティングは61試合138打数32安打、本塁打1本、打率・232。OPSは・607。

「〔ハワイの〕ローカルと比べると日本のレベルがずっと上だった。選手は金をもらっていたからね。プロフェッショナルだから比較にならない。でも、大リーグとは比べものにはならない。大リーグと比べると言えば、川上〔哲治〕とか、ああいう人だと大リーグでやれただろう。でもあまりいなかった」

巨人の川上が、毎シーズン、ライオンの鬼頭数雄と首位打者争いを演じていたのを、長谷川は間近に見ていた。

長谷川のチームメイトのテッド亀田は結婚しており、ゲームセットと同時にサッサと家路に着いた。タイガースが上京して来ると、同級生トシ亀田と会えるのが嬉しかった。「今ならバーと呼ばれるところ、〔そこにも〕長居はできませんでした。カーフュー〔門限〕で。ある時間になれば帰らなくてはならなかった、10時30分とか。東京にいると家があるが、大阪に行くと〔チームは〕一か所に泊まるでしょ。でも10時30分には帰らないといけない。カーフューと言うんです。その時間に遅れたらいけないんです」

長谷川に日本で忘れられない試合は、と訊いたが、「ノーノーノー、ナッシング。ただ、日本の人は野球選手を尊敬していて、わたしは〔名刺を〕持っていませんでしたが、選手が自己紹介するとき名刺を差し出すと、オーッと驚かれた〔感激された〕」

「日本化」が日系人選手に決断を迫る

1940年近衛文磨内閣は挙国一致の戦時体制の確立を目的とする国民運動を推進した。日本野球連盟も「新体制」に呼応すべく立ち上がった。9月12、13日、連盟理事会は「日本精神による新体制に向つて邁進する」として、「革新綱領」を発表した。これによって、連盟はリーグ創設以来目標としてきた「フエアープレー」や「世界選手権」の文言を綱領から削除し、「日本化」という戦時体制へはっきりと舵を切った。手本としてきたアメリカ野球からの決別を意味した。具体化のひとつが、球界での一切の英語の使用を廃止し、ユニフォームの文字、球団名、野球用語の全面的日本語化に踏み切ったことである。若林たちが、今後も日本プロ球界に二世選手が増えると座談会で語っていたのは、この年のつい正月のことだったが、この「日本化」は長谷川ら日系人選手に重大な決断を迫ることになった。球界の「日本化」がついに外国籍選手排除を打ち出したのである。「外人選手は絶対禁止、但し既存の者は国籍を得させて日本人とする、なお東亜民族以外の外人は球団に加盟させない」（『読売新聞』40年9月14日、『野球界』40年10月）。多くの日系二世が日米二重国籍だったが、長谷川自身はアメリカ国籍しかもっていなかった。チームメイトのテッド亀田はイーグルス入団のためハワイを離れる直前に、ホノルルで日本国籍離脱手続きを済ませ、米国パスポートで来日していた。

球団名の日本語化にともないイーグルスは10月6日、「黒鷲」と改称した。しかし、黒鷲の成績が落ち込むと、「縁起の悪い黒鷲ではなく、白鷺に改名すればよかったのに」というファンの声が聞こえて来た（『野球界』40年12月）

「チームネーム、そうそう、もうそのころはだめだったんでしたね。私がいる頃にもうアメリカ語を無くしました。私たちも英語を話さないようにしました。バーに行っても、日本語は学校に行ったことがないのでうまくしゃべれないが、日本語で話すようにしました」

トシ亀田とはもっぱら英語だったが、人前で英語はまずかった。それでは、日本にいるとき生きにくかったんじゃないかと訊くと、「ノー、若かったし」。

1940年、黒鷲にはハワイ出身日系人選手について特筆すべき試合があった。12月1日、甲子園での南海13回戦。先発ラインナップの中軸には、2番ライト杉田屋守、3番一塁長谷川、4番二塁サム高橋、5番投手テッド亀田とハワイ組4人が並んだ。

杉田屋は六大学黄金時代に「早稲田精神の権化」と称された花形選手。ハワイ出身のイメージはないが、実は長谷川と同じカワイ島マカウェリに生まれた。12歳のとき、ハワイに遠征してきた早稲田のユニフォームに憧れて一人岩国市のオバの養子となり、柳井中学から早稲田へ進んだ。長谷川の10歳年上の郷土の先輩である。サム高橋は、前述のように、ミッドパシフィック校の先輩。二重国籍だったため日本で徴兵され戦線からもどったばかりだった。しかしこの試合で4選手のヒットは長谷川の単打1本に終わり、亀田が初回に取られた2点を挽回できず、そのまま黒鷲は0－2で敗れた。

この4選手が同一試合に出場したのは、ほかに5試合（40年2試合、41年3試合）あるが、全員が先発出場したのは南海戦の一度きりである。

１９４０年の球界を見渡せば、老獪投手ボゾ若林、豪腕テッド亀田ら、ハワイとカリフォルニア出身選手を抜きに語れないほど、日系人選手のプロらしい魅力は際立っていた。カイザー田中（阪神）は秋季首位打者（．３２７）、シーズン通算では鬼頭、川上に次ぐ3位（．２９３）。フランク山田（阪急）は5位（．２７２）。シーズン後、ポジションごとのオールスターが記者投票で選出され、田中（捕）、上田（遊）、山田（中）の日系3選手が名を連ねた。12月16日、後楽園球場で投票1位オールスターチームと次点チームが対戦し、延長11回、次点チームは中堅手ジミー堀尾が左中間スタンドに大ホームランを打ち込み、勝利（３－２）を決した。

日本野球史には必ずといってよいほど、１９４１年6月14日の記述がある。日米開戦が近づいたことを意味していた。日本プロ球界の日系4選手（長谷川とテッド亀田、トシ亀田、ジミー堀尾）

とその家族が日本郵船鎌倉丸でハワイに引き揚げた日である。

2シーズン目（41年）の投手長谷川は開幕から黒星が続き、ようやく4月26日の7回目の先発で、大量点に助けられ初白星がついた（巨人戦　17－7）。しかし、その後、ピッチングは思うような結果が出ずじまい（2勝7敗）。5月27日の朝日戦代打が最後の出場となった。

日米間の情勢からアメリカ大使館・領事館は日本在住の自国民に帰国勧告を出していた。日本に残ればアメリカ市民権を失うかもしれないと、横浜から出航の鎌倉丸は帰国を急ぐ日系人で満員となった。「たくさんの学生も一緒に帰ってきた」と長谷川。

しかし、長谷川は、帰国は自分の意思ではなかったと言う。「会社ピープルがゴーホームと言った。日本にとどまってもよいと言われたが、とどまる理由はありませんでした。私には日本国籍がありませんでしたから。アメリカ大使館が通知したのかもしれない。でも私の場合は知らなかった」。あくまで「私の決断ではありません」と語気を強めた。「カンパニーのです」

帰国する長谷川には会社からボーナスが支給された。「わからんだったの。いいピッチングしたとき、たとえば1－0で勝つと褒美がある。もちろん負けたら何にもない。球団がボーナスをためておいてくれた。そのことは知らされていませんでしたが、私が〔ハワイに〕帰るとなったとき、たくさんのお金をくれました。でも、持って帰れませんでした。金額が制限されていたからです。300円（持ち出し金）ぐらいだったでしょうか。そんなもんでした。ドルにすると30ドルぐらいでしょ」

時間がなかった。洋食器などをあわてて購入し、帰国船に間に合わせた。「いろんなものを買いました。衣服はもうだめでした。当時はもうスフばかりで、靴下は一度履いただけで、穴が開いているのですから。毛布のいいものはすべて軍隊に回されていた。一番は軍隊ですから」

真珠湾攻撃後、徴兵される

6月22日、鎌倉丸がホノルル港に満員の船客を乗せて入港した。地元新聞は日系人305名が下船したと報じている。4選手は、早速、ホノルルの日系人代表チーム朝日の幹部から勧誘されたが、長谷川はひとまず故郷カワイ島に向かった。

「ここ（ハワイ）に帰って来たら両親に会わないといけないでしょ」

長谷川は、日本に行く前にやっていたように、マカウェリ砂糖プランテーションの製糖工場で働き、地元チームで野球を続けた。8月10日、ハナペペでのエグジビション試合に長谷川は帰国後初マウンドを見事な完投勝利（4－3）で飾った。リフエ・タウニーズの先発としてカワイ島チャンピオンのケカハ・シークス相手に4安打ピッチング。7回まで2安打0点に抑えた。「しかし、時にコントロールを乱し、6人を歩かせた」（『日布時事』8月14日）。バッティングでも2回に先制点へつながるヒットを打った。

当然のことだったが、活躍すればするだけ、日本でプロ野球選手だった長谷川のアマチュア資格が問題視されたこともあった。

「しばらくカワイにいるか、ここ（ホノルル）に来るかというつもりでいたら、すぐに戦争が始まった」

1941年12月7日、日曜日の朝、日本海軍がオアフ島真珠湾のアメリカ太平洋艦隊基地に奇襲攻撃をかけた。

「日曜の朝、野球の練習をしていました。ラジオのニュースだけです。どんなことでも起こるもんだというの変化もありませんでした。ラジオのニュースだけです。どんなことでも起こるもんだということです。まだ若かったし、すでにギャランティード・ウォー（避けられない戦争）でしたし」。それじゃ驚かなかったのかと聞くと、「ノー（驚かなかった）。私が日本から帰ってきたときには、もうそういう話をみなしていましたからね」

翌42年2月に徴兵され、陸軍に入った。しかし、日系兵はどこに派遣されるのでもなくオアフ島のスコッフィールド陸軍基地に集められ、基地内の清掃作業などの雑用ばかりに明け暮れた。

「何にもやらなかった。そんなもんです、〝日本人〟、庭の掃除とか。それから1943年になってようやくガン（銃）を与えられたんです」。敵国日本からの移民を祖先とする日系人は開戦後1943年春まで「兵役不適格」との扱いを受けた。

日本軍がハワイに再攻撃を仕掛けて来るおそれがなくなり、兵隊になった大リーガーとマイナーリーガーがアメリカ本土から大挙してハワイの陸軍・海軍基地に押し寄せ、ホノルル・スタジアムはジョー・ディマジオら花形スターの登場で前代未聞の興奮に沸いた。世界最強の野球チームはアメリカ本土の大リーグではなく、ハワイの基地にあるとまで言われるほどだったが、長谷川は華やかな舞台には縁がなかった。

「やりましたよ、スコッフィールド基地で。野球シーズンが来ると野球をやり、野球チームもソフトボール・チームもバスケットボール・チームもほかのスポーツもやってました」

日本降伏後、1945年にコップル（兵長）で除隊。「そのままホノルルに残りました。戦争中に結婚していたから、仕事に就いたんです。ダウンタウンのストアで働きました」

日本では戦争に邪魔されて野球が存分にできなかった分、戦後に思い切りやったのでは、と水を向けた。「ノー、ちょっとの間だけやりました。〝仕事があるから〟。アーミーを除隊になってからちょっとの間です」

「ちょっとの間」どころではない戦績

戦後初の1946年シーズン、長谷川は「やってくれ」と勧誘を受けて、はじめてハワイリーグでプレーすることになったが、それは日系チームのアスレティックス（朝日）ではなく、もともとは先住民系のチーム、ハワイズだった。7月から8月にかけてはハワイズの大黒柱となって勝ち星を積み上げ、リーグ2位を維持。新聞の見出しを飾るピッチングも二度や三度ではなかった。ハワイズ投手陣の中では、46年シーズンを通して一番安定していたが、新聞は、「長谷川のピッチングは出来不出来の差が激しい」と日本での登板と共通するクセを伝えている。しかしバッティングでは3割7分、打率リーグ2位となかなかの成績を残した。

長谷川は日本プロ野球の戦前組だったが、このころにはハワイリーグでは戦後日本プロ野球に登場する選手が数多く腕を撫《ぶ》していた。少し名前を挙げれば、カッツ小島勝治外野手（阪神52〜54年）はハワイズのチームメイト。アスレティックスのディック柏枝文治三塁手（巨人53〜56年）やブレーブスのチャーリー・ルイス捕手（毎日54、55年）ら。

調べてみると、長谷川の戦後はハワイズの主戦投手となったばかりか、「ちょっとの間」どころではなかった。

1946年9月2日の対島野球大会では、ハワイリーグに仮加盟したオアフ島郡部の日系チーム、レッドソックスの投手として優勝に貢献。同月24日、アメリカ本土から来た黒人巡業チーム、シンシナティ・クレセンツを相手に2回途中からリリーフで登板すると、ベーブ・ルースに匹敵するパワーヒッターと恐れられたルーク・イースターからの2個を含め8奪三振、3安打無失点。速球とカーブが冴えていた。

1947年春、日本野球にも縁深いレフティ・オドールが監督を務めるサンフランシスコ・シールズ（パシフィック・コーストリーグ、AAAクラス）がキャンプ地にハワイを選んだ。オープン戦の相手はハワイリーグのチームだった。3月16日、ハワイズの長谷川は先発登板し7回まで投げたが、打ち込まれ1－12で敗れた。長谷川がはじめて対戦する本土からのマイナーチームだった。ちなみに、この日の第1試合はシールズが7－2でハワイリーグのタイガーズを破った。タイガーズ先発投手は、のちに近鉄入りするレン・カスパラビッチ（53、54年）である。

長谷川は、「それからメインランドに行った年もありました」と話してくれた。47年もハワイリーグのハワイズで登板を重ねたが、8月にはハワイ・オールスターズに選抜され、カンザス州ウイチタで開催された歴史ある全米セミプロ野球大会「ナショナル・ベースボール・コングレス」に出場した。

しかし、ユニフォームを脱ぐのに躊躇はなかった。この年に長谷川はカイムキ地区の、私が訪ねたところとは別の場所でクリーニング店を始めた。

私は聞き足りないと思い、最初のインタビューから18日後（12月2日）、長谷川のクリーニング店を再び訪ねた。このとき、長谷川は日本での思い出の詰まったアルバムを見せてくれた。自分のイーグルスのユニフォーム姿、テッド亀田と街を闊歩する写真、本人は写っていないが、先に触れた日系人選手の座談会の集合写真もある。もちろん、目の前の長谷川からはアルバムにある若いときのキリッとしたカッコよさは感じ取れない。相変わらずのボソッとした物言いでも、第一印象の取っ付きにくさとは真逆の、むしろ人懐っこさを漂わせていた。

さいごに、イーグルスのチームメイトだった「中河、山田（潔）、生きているか」と聞かれたので、中河美芳は戦死したと伝えた。「彼はうまかった、背が高くて、一塁も投手もやった」。続けて、チームメイトの名前を次々に挙げてから、「でも、もうイーグルスないでしょ」とつぶやいた。

黒鷲に改称したイーグルスは、長谷川が去った翌年（1942年）、シーズン途中の9月12日に大和と改名し、43年シーズンが終わると球団は解散した。戦後のプロ野球復活に際しても、リーグ再加盟が認められることはなかった。復活していれば、長谷川もオールドタイマーとしてファンに語られる選手となっていたかもしれない。わずか1年8か月の日本、23歳での突然の帰国。日本では投げたいだけ投げたのか、と問うと、それまでボソボソとしゃべっていた長谷川が「ノー」と強く否定した。「〝ウォーがなかったら〟もっとやれました」

カウボーイ長谷川は1997年6月9日、ホノルルで死去、79歳だった。

日本プロ野球での投手成績

	試合	完投	完封	勝利	敗戦	投球回	安打	四球	三振	自責点	防御率
40年	32	16	2	12	11	214・1	148	156	66	41	1・72
41年	13	6	1	2	7	76・2	62	64	13	34	3・97

（インタビュー　カウボーイ長谷川重一　1989年11月14日、12月2日）

「野球親善大使」をクーパーズタウンへ！

サンフランシスコ人、レフティ・オドール

米国カリフォルニア州サンフランシスコは古くから名選手を大リーグに送り出した土地柄だ。たとえば1933年、はじめてのオールスターゲームがシカゴで開催され、そのとき選出された選手の中にサンフランシスコに縁ある選手が6人いた。ヤンキーズのトニー・ラゼリ、レッドソックスのジョー・クローニンの2人はサンフランシスコ生まれ。サンフランシスコ・シールズでプレーしたことがあるのはインディアンズのアール・エビレル、ヤンキーズのレフティ・ゴメズ、パイレーツのポール・ウェイナーの3人。この5人は1991年までにクーパーズタウンの野球殿堂入りをしている。ただ残りの一人、フランク・レフティ・オドール（1897～1969）だけが殿堂に入っていない。

サンフランシスコ名物ケーブルカーの折り返し点から3ブロック先のユニオンスクエア近くに、1958年にオドールがオープンしたレストラン「レフティ・オドールズ」がある。彼が亡くなって半世紀経ったが、日本語の看板「歓迎　元野球界の大スター　レフティ・オドール

サンフランシスコの街中にあるレフティ・オドールのレストラン（著者撮影）

の店」が今も変わらず正面入り口を飾っている。この店のミートボール・スパゲティは、何度食べても飽きることはない。また食べたくなるから不思議だ。日本のナポリタンのようでもある。トレイをとってナイフとフォークを載せて注文の列に並ぶカフェテリア形式。副菜が一つついて値段は今でも7ドル40セント。

店内の壁という壁はオドールの球歴を物語る写真で覆われている。そのうちの一枚は日本の野球場の全景だった。それについて、隣のテーブル客から尋ねられたことがある。レストランをオドールから引き継いだオーナー、ドン・フィゴーネが、オドールが遺した写真アルバムの中から一枚を拡大したものだった。スコアボードの得点経過から、それは1949年秋にオドール監督がサンフランシスコ・シールズを率いて来日し、東京六大学選抜と戦った後楽園球場でのオドール・デーの一戦（10月30日）だとわかる。この試合に子どもたちが無料招待された。

当初スケジュールになかったこの試合に先発登板したのはオドールその人。シールズが初回に2点先制したが、3回裏、学生チームは3安打と1暴投で2点を返し、同点に追いついた。

子どもたちを喜ばせようと昔取った杵柄でみずから登板したオドールだったがストライクゾーンにボールが入らず、この3回で降板した。学生選抜のマウンドに立つのは、期待以上の好投を見せた法政大学の関根潤三投手。日本のプロチームをことごとくうち破ったシールズが最終戦、学生チームに手こずり、延長13回のすえ、4−2でようやく下した一戦である。

オドールは1897年3月4日、サンフランシスコのブッチャータウンに生まれた。その球歴は、マイナーリーグ（パシフィック・コースト・リーグ、当時AAクラス）の地元チーム、シールズを起点とし、大リーグでは強打者として名をなし、その後は長年シールズの監督を務めた生粋のサンフランシスコ人だ。地元での人気振りは驚くほどだったという逸話がいくつも残っている。そのオドールをニューヨーク州クーパーズタウンの野球殿堂に入れようというキャンペーンが1990年代はじめにサンフランシスコで湧き起こった。特定選手の殿堂入りを応援しようという運動はけっして珍しいことではない。

サンフランシスコ・ノースビーチのレストランで、カリフォルニア州上院議員クエンティン・コップやオドールのレストランのオーナー、フィゴーネらがキャンペーンの決起集会を開いたのは1991年11月12日のこと。

キャンペーンの中心人物ダン・ウッドヘッドから突然連絡があり、私は日本でオドールと親交のあった球界関係者から殿堂入りを審議する「ベテランズ委員会」宛のオドールの推薦文を集めることになったのだ。ウッドヘッドはハーバード大学MBAで、住友銀行サンフランシス

キャンペーンの中心として活動したダン・ウッドヘッド（Dan Woodhead 氏提供）

コ支店に勤めていた。同じSABR（アメリカ野球学会）会員のよしみから、91年9月5日にサンフランシスコで一度会ったことがある。それもオドールのレストランで。ウッドヘッドはそこでオドールへの熱い思いを語ってくれた。

ウッドヘッドが言うには、「野球が世界的に拡大している今こそ、レフティ・オドールを、グラウンド内外の功績に対してクーパーズタウンの野球殿堂入りに推す声がこれまでになく強まっている」（ウッドヘッドから筆者への手紙、１９９１年7月27日付）。このときは、野茂英雄が大リーグに登場する4年前のことで、大リーグは日本からまだ遠い時代だった。

日本野球に大きな貢献

そこで私は、野球史家・谷川照夫のアシストを得て、三人の野球人に協力を願うことにした。三氏はいずれも快く、いやそれ以上に積極的に推薦状の依頼にOKをくれた。オドールとの個人的なつながりから、彼がどれだけ日米野球交流・日本野球の発展に貢献したかを話してもらい、それを持ち帰って英文の推薦状にした。それから、あらためて推薦状にサインをもらいに行った。

西宮市在住の伊達正男（1911～1992）は戦前の六大学黄金時代の早慶戦3連投で知られる早稲田の剛球投手。1931年日米野球では大リーガーをヒヤリとさせる好投を演じた。伊達にとっては、はじめて対戦したオドールは4打席で四球、単打、投ゴロ、犠飛だった。伊達はそのピッチング同様豪快な男だが、親切な気遣いは人一倍。都合がよいことに戦前戦後を通じてオドールと手紙で親交を結んでいた。

私は日本の野球殿堂ベテランズ委員会委員である。オドールと対戦した投手として、また友人として、彼のこの国の野球発展への大きな貢献について述べたい。1931年と1934年にオドールは大リーグチームのメンバーとして来日した。私は両年とも大リーグチームに挑戦する日本チームの投手だった。二度の日米野球は野球史上、日本の野球振興において、また日米が困難な時期に二国間の良好な関係を築くのに重要な役割を果たした。1932年にはハーブ・ハンターやテッド・ライアンズ、モー・バーグが六大学をコーチするために来日した。投手の私も指導を受けた。彼らは最新の野球技術を紹介してくれた。とくにレフティは一人ひとりの選手の評価に優れていた。1949年、日本は敗戦の中で日々の食糧にも事欠いていた。毎日が夢や希望を持てないでいた。このとき、レフティは彼のシールズを引き連れて来てくれた。勝ち負けの問題ではなかった。彼は野球をとおして日本人を復興へ向けて前進するよう励ましてくれた。とりわけこの国の将来を背負う子どもたちを勇気づけた。1950年代に彼は春季キャンプに日本人選手を招待したり、ジヨー・ディマジオと一緒に来日したり、両国の友好関係をさらに押し進めた。レフティ・オドールは一生をとおして、持ち前の誠実さとあたたかさで太平洋両岸の二つの国民の架け橋となった。日本野球の現在の繁栄と米国と日本の良好な関係を思う時、種を蒔き、育てたオドールの献身さをけっして忘れることはできない。(91年12月11日付)

次に、元法政大学監督で日本側シールズ歓迎委員の一人だった藤田信男(1903～1992)を東京・中野の自宅に訪ねた。誠実さがにじみでる人柄である。オドールは、伊達の推薦文にあるように1932年に他の大リーガーとともに六大学選手のコーチに二度目の来日を果たしているが、藤田の法政大学もこのときオドールの特別指導を受けた。戦後になってアメリカ野球視察に渡米した藤田は、監督オドールとサンディエゴのホテルで夜を徹して語り明かしたとのエピソードを話してくれた。

日本野球の発展に貢献したアメリカ野球人が幾人かいる。フランク・オドールが最後の先生だ。オドールは私の法政大学を二度コーチしてくれた。大リーグのトップ選手に懇切丁寧な指導を受けるのはとても名誉なことだ。当時、日本で大リーガーに直接会う機会はまずなかった。私の学生たちは彼の教えを懸命に吸収した。日本のコーチにとっても、野球に関する疑問点を相談出来る人を見つけるのは困難だった。オドールは親切にわれわれの抱く疑問すべてに答えてくれた。日本人選手のサイズを考え、バントの有効性を指摘した。彼が日本人とベースボールをよく理解していた証拠である。日米関係にとって彼の果たした最大の功績は戦後、シールズを連れてきたことだろう。私はシールズ歓迎委員として、このときの来日が日本社会におけるベースボール復興の推進力となったと確信している。
（91年12月18日付）

三人目は法政大学出身の内野手で、のちにセネタース監督を務めた苅田久徳（1911～2001）。選手時代は「苅田の前に苅田なし、苅田の後に苅田なし」と謳われた名人である。31年、34年の日米野球に参加した苅田は、35年創立間もない東京ジャイアンツの北米遠征をその企画段階から世話したオドールと渡米中にさらに親交を深めた。ハマッ子苅田とは苅田夫妻の行きつけだった横浜の百貨店のフルーツパーラーで待ち合わせた。

日本野球の発展にフランク・オドールは大きな貢献をしたと言いたい。1934年に歴史的な大リーガーと全日本の親善野球戦が開催された。この時にオドールは、一流スターによるチーム編成とそのための諸問題の解決に当たるなど裏方として、日米野球の実現を目指してスポンサー読売新聞に協力した。私は日本チームの遊撃手だった。このシリーズが日本の野球熱を燃え上がらせたのを、この目で見ている。ベーブ・ルースをはじめとする大リーガーによるプレーが目の前で展開されたからだ。日米野球後、東京ジャイアンツが結成され、私も加わった。最初のシーズンに米国に遠征した。100試合以上やったはずだ。これは、日本に誕生したばかりのプロチームには言葉に尽くせないほど過酷な巡業だった。ここでもオドールは手を差し伸べてくれた。彼は新チームへの監督就任で手一杯だったはずだが、われわれの遠征が成功裡に終わるようできるだけの援助をしてくれた。われわれのチームを「東京ジャイアンツ」と名付けたのもオドールだということを知っていただきたい。彼の寛大な援助によって、日本のプロ野球はうまく船出することができた。その後、私はいくつかのチームでプレーし、監督を務めた。1969年には日本の野球殿堂に入った。フランク・オドールがアメリカ野球と国際面での実績が評価され、クーパーズタウンで顕彰されることを願う。（91年12月24日付）

三氏が述べているように、オドールは読売新聞社主催の1931年日米野球に選手として初来日し、1969年12月7日にアメリカで亡くなるまで、日本野球の発展に惜しみない力を注いだ。逝去した日付が奇しくも日本軍による真珠湾攻撃と同じというのまで、日本との「深い縁」とよく取り上げられるほどだ。そのハイライトは何といっても敗戦に沈んだ占領下の日本人を元気づけたサンフランシスコ・シールズ（マイナーAAAクラス）の来日実現にある。戦後、日本に真っ先に、自分が監督を務めるシールズを引き連れてもどってきたオドールを日本人は熱狂的に迎えた。羽田空港では田中絹代が花束を贈り、銀座通りのパレードには幾重にも人の波が押し寄せ、球場は野球ファンであふれた。

その時来日したシールズの一人、内野手ダリオ・ロディジアニ、87歳を、私は2003年9月27日、カリフォルニア州ナパ・バレーの自宅に訪ねた。ロディジアニは大切にしまっておいたシールズ訪日を報じた日本の雑誌『野球日本』を取り出して、「あれほどたくさんの人出は今まで見たことがない。後楽園もステートサイドパーク（神宮球場）も人で埋まった。三塁の藤村（富美男）、アンダースローの武末（悉昌）が良かった。日本人もよく打った」と半世紀前の感動を熱い思いで振り返った。

当時小学生で、今、80歳を超える人たちは、シールズの名前を聞いただけで、あの時のワクワクした思いがよみがえってくるという。シールズの来日は、滞日最終戦に子どもたちを球場に招待した「オドール・デー」の開催、はじめてのコカ・コーラ販売、敗戦後初の「日の丸」掲揚、本場所休場中の横綱前田山の試合見物というエピソードにも彩られた。

非凡なバッター

殿堂入りキャンペーンの話にもどろう。日本の三氏を含む野球関係者50人以上の推薦状がサンフランシスコに集められた。ウッドヘッドらは、コピーを作って殿堂選考委員「ベテランズ委員会」の全員へ送り続けた。推薦理由は三つあった。

一つは、非凡なバッターだったこと。オドールは投手として大リーグデビューを果たしたがパッとした活躍はなかった。大リーグでの監督とソリが合わなかったのも、ベンチが多い理由とされる。登板わずか34試合77・2イニング、1勝1敗。惨憺たる4シーズン（19～20、22～23年）を送った。だが、その後、打者に転向してマイナーから這い上がり大リーグ7シーズン（1928年～34年）に輝かしい成績を残した。ナショナル・リーグ首位打者は2度（29年フィリーズ・398、31年ドジャーズ・368)。1929年のフィラデルフィア・フィリーズでのシーズン安打254本は、翌年ビル・テリー(ニューヨーク・ジャイアンツ)に並ばれたものの、今もってリーグ記録として残っている(大リーグ記録は2004年イチローの262本)。生涯打率・349は歴代4位とされるが、一般的に基準となる4000打数に不足しているためランク外の扱いがなされている。

オドールは長く殿堂入り資格「大リーグ10年」に欠けると信じられていた。たとえばアメリカン・リーグ会長ボビー・ブラウンは「レフティは資格年数が不足し、選出される資格がないと思われる。彼は私の友人で打者として偉大な成績を残したが」(92年2月18日付)と推薦状を依頼したウッドヘッドに返答してきた。これは外野手に転向してからの大リーグでの7年だけを取り上げたもので、その前歴、投手としての4シーズンをカウントしていないためである。

1991年、このキャンペーン中に、オドールには投手と外野手を合わせ11シーズンの大リーグ歴があり、殿堂入り選出資格を満たしていることが殿堂事務局への問い合わせにより公式に確認された。殿堂博物館の上級研究員ビル・ディーンから、次のような回答が届いたのだ。

「ベテランズ委員会の規則『1シーズン1試合以上出場し、それが10シーズン以上にわたること』と『選手を引退し23年以上が経過していること』をオドールはクリアしている。『試合数1000以上や打数4000以上』は年鑑など出版物が〔勝手に〕決めたものでしかない」

優れたバッティング指導

第二の推薦理由はオドールが優れた打撃コーチだったことである。日本でも、来日するごとに選手の個性に合わせた技術指導をしたことで知られる。伊達正男に聞いたのだが、早稲田大学時代に投手から外野手に転向し目立たなかった中島治康のバッティングの才能を見いだしたのはオドールだったという。1938年秋季に日本プロ野球初の三冠王となった中島である。オドールは日米野球で来日したときは、遠征列車の中で米国チームにも日本チームにも分け隔てなく一人ずつ丁寧にバッティング指導した。アメリカでもチームを問わずバッティングをコーチした。シールズ監督時代には対戦相手チームの強打者テッド・ウィリアムズにさえ、「誰にもバッティングを変えさせるな」とアドバイスしたことは有名な話だ。

希代の花形外野手ジョー・ディマジオもオドールと同じくサンフランシスコの出身。シールズがプロ出発点だった。1935年、オドールが大リーグ選手を引退し、古巣シールズの監督に就任して以来、ディマジオを育てあげ、翌年ニューヨーク・ヤンキーズに送り出した。50年には2人で来日し、初の日本シリーズで始球式に臨んだ。54年のディマジオとマリリン・モンローの新婚旅行にも二人の傍らにオドールがいた。これ以外にもディマジオはオドールと一緒に何度か来日しているほどの親密な間柄だった。

『読売新聞』のオドールとディマジオを迎えての座談会「野球とコーチ」で、バッティングの技術指導について訊かれたディマジオの発言。

もちろん、それはお世辞でも社交辞令でもない。ここにいるオドウールさんだ。わたくしはコースト・リーグと大リーグで十六年野球をやってきたが、一九三五年にオドウールさんがサンフランシスコ・シールズの監督になった。この時はじめて左翼方面へ打球を飛ばす、つまりレフトへ引っぱることを助言され教えてもらった。それまで私の一番いい当りというのは大体センターを中心に飛んでいた。引っぱるようにコーチされて、この結果は当然本塁打が多く打てるようになったということである。なにしろ当時のヤンキースはホームラン・バッターでなければ入団させてもらえなかったくらいだし、ましてヤンキースタジアムの左右両翼は、三百一フィートで比較的せまいので非常な幸運にめぐまれたわけだ。……とにかくオドウールさんにこの注意をうけて以来、大リーグを引退するまでわたくしの打法に大きな変化はなかった。このオドウールさんがわたくしのバッティングを根本的に見きわめたうえで、注意をあたえてくれたわけだ。ほんとにお世辞でなしに名コーチだ。（『読売新聞』54年2月6日）

ウッドヘッドらの呼びかけに応えて著名な球人や野球記者から次々に賛同の推薦状が寄せられた。それにもかかわらず、不思議なことにまっさきに名を連ねてもおかしくはない愛弟子ジョー・ディマジオからは、キャンペーンのための推薦状を何度依頼しても梨のつぶてだった。

しかし、頭を抱えたウッドヘッドに名案が浮かんだ。引退後、外の世界との接触をほぼ断ち切ったディマジオだが、赤と青の縁取りのある日本からの航空便なら封を開くかもしれない。

そう考えたウッドヘッドにまたも促された私は、ディマジオに推薦状を依頼する手紙を書いた。果たして、ディマジオは91年12月24日、すぐにウッドヘッドに快諾の電話をかけてきたという。これ以上の援軍はないはずだったが、ディマジオからの文書による推薦状がウッドヘッドの元に届くことはなかった。

さらにカリフォルニア州上院議員コップは、「あなたの推薦が野球殿堂にレフティ・オドールの居場所を確保する運動の助けとなる」(1993年2月5日付)と〝督促状〟を送ったが、それでもディマジオが動くことはなかった。

オドールの第三の功績は、「野球親善大使」としての日本との深い関わりにある。前述したとおり1931年大リーグ選抜メンバーとして初来日してから、日本が「気に入った」と翌32年にも六大学のコーチにやってきた。34年日米野球のベーブ・ルースに代表される「世界最強無敵軍」ではチーム編成に尽力し、世紀の強豪チーム来日を実現した。35年、36年にはシールズ新監督としての多忙の中、結成時に球団顧問を引き受けた東京ジャイアンツの北米遠征巡業の面倒を真摯に見た。そして、戦後の49年シールズ来日である。その後も51年ディマジオ兄弟をそろえた大

1934年エムプレス・オブ・ジャパン号で大リーガー一行と日本に向かうオドール(右)と鈴木惣太郎
(Philip Block氏提供)

リーグ選抜チームの総監督として来日したことがある。
ウッドヘッドから殿堂入り選考委員一人ひとりに送られる推薦状コピーの束には、シールズなどの来日チームの記事と写真が満載の日本の新聞・雑誌のコピーが同封されたのは言うまでもない。

オドールが殿堂入りにふさわしいとする推薦文の例

ドム・ディマジオ　（ジョーの弟。兄の後を追い、シールズからボストン・レッドソックスへ上がった外野手。当時珍しいメガネの選手）

フランク・レフティ・オドールは殿堂入りに値する。レフティほどのベースボール親善大使はいない。ベースボールのあらゆる側面、とくにバッティングを教える能力、大リーガーとしての能力、人間として。……かれは若い未熟な選手をプロ選手に育て、私を含め多くを大リーグに送り出した。メガネをかけねばならない私を草野球からマイナーの最上級、そして大リーグへと送り込んでくれたのは、かれにとって最大の挑戦だったはずである。これこそがレフティが殿堂入りに値する最高の証明書だ。（91年11月25日付）

フランク・クロセッティ　（ディマジオと同じくサンフランシスコ出身のイタリア系の元ヤンキーズ遊撃手）

レフティは優れた打者であり、もっとも偉大な先生の一人。しかも野球が今日のような国

際的スポーツとなるのに誰よりも貢献した。（日付なし）

ドルフ・カミリ　（元ブルックリン・ドジャーズ一塁手、41年リーグMVP、本塁打と打点の二冠王）

私の選手時代、彼は知りうる限りで最高の打者の一人だった。ファンに人気があった。子どもにも記者たちにも。野球の名誉となる人物！　私の子どものときのヒーローであったし、今もってヒーローであり続けている。サンフランシスコから出た偉大な選手たちを見てきたが、レフティのバッティングに優る打者はいない。レフティの殿堂入りは遅きに失した。（92年7月5日付）

ボビー・ドーア　（元ボストン・レッドソックス二塁手、殿堂入り）

私が1934～36年コーストリーグでプレーしたとき、彼は偉大な打者との印象を受けた。野球史をとおして彼は最高の打者の一人だと思う。コーストリーグ時代、バッティングで疑問があれば、かならずレフティ・オドールが答えをくれた。（91年11月22日付）

ハブ・キトル　（82年ワールドシリーズ優勝セントルイス・カーディナルズの投手コーチ）

1940年ヤキマからオドール監督のシールズへ買われた。長年のプロ野球で彼ほどフェアであってリスペクトしてくれた監督はいない。若い選手、ディマジオ兄弟、フェリス・フェイン、〔ジーン〕・ウッドリングらを大リーグへ送り込んでくれた。いつの時代の監督、〔たとえば〕ケーシー〔・ステンゲル〕やホワイティ〔・ハーゾグ〕と比べても最高ランクである。選手としての〔オドールは〕成績が物語っている。指導者としてはウィリアムズやディマジオに訊いてくれ。野球大使として日本人はオドールの名に敬意を表す。私の59年に及ぶプロ野球生活において、多くの偉大な選手を目にしてきた。レフティ・オドールは誰よりも殿堂入りにふさわしいと考える。（日付なし）

ラリー・ジャンセン　（ワールドシリーズで活躍した元ニューヨーク・ジャイアンツ投手）

プロになって2年目にオドール監督の下でピッチングできたのは喜びだった。彼はなんという偉大な人物であるか。グラウンドの内外でベースボールのために多くのことをなしとげた。若い選手にとってはこれ以上にないスーパー〔な人物〕である。彼は選手としての私、後にコーチとしての私に多くの教えをくれた。レフティ・オドールは間違いなく殿堂入りすべきである。（92年1月23日付）

マヒュー・B・リッジウェイ　（マッカーサーの後任の連合国最高司令官、朝鮮戦争時の国連軍コマンダー）

1951年オドールがディマジオや大リーガーのオールスターズを連れてきたときの、戦後〔日本〕再建に向けたレフティの野球をとおしての功績は言葉に尽くしえない。（日付なし）

ジム・マレー　（『ロサンゼルス・タイムズ』の著名なスポーツコラムニスト）

以前新聞に書いたが、レフティ・オドールは殿堂入りしたどんな人物にも劣らず殿堂入りすべき。不世出の打者、不世出の監督、彼の愛するゲームへ好影響をあたえた。（日付なし）

ディノ・レステリ　（元ピッツバーグ・パイレーツ外野手）

私にはじめてのプロ契約してくれた。大リーグに上がるまでの7シーズン、レフティの下でプレーした。私の成功は彼の指導によるものとずっと思っている。彼は通算打率・349、1シーズン254安打の記録をもつ。誰にも負けない。ベースボールの実績も。ベースボールの国際大使であることは明白。日本へ何度も足を運んだ。私も参加した1951年の遠征では、朝鮮戦争前線の米軍を慰問し、コーストリーグの球団のハワイへの移転にも助力を惜しまず、ウインターリーグの期間にキューバ、プエルトリコ、ベネズエラ、メキシコへの親善旅行をやった。彼は長年サンフランシスコの監督であった。大リーグ監督のオファーを受けたことが少なくなかったが、サンフランシスコとコーストリーグを愛するがゆえに、いずれも断った。彼はコーストリーグでプラトーンを実行し、やがてそれが大リーグで広まった。彼は偉大なバッティング指導者であり、戦術家でもある。コーストリーグで勝ちを呼ぶ監督でもあった。彼はサンフランシスコで生まれ、そこで亡くなった。その間、すべてがベースボールだった。ユニフォームを着た人の中で、彼ほどすばらしい人間味あふれた人物はいないというのが私の考えである。（92年2月4日）

ジョージ・ストリックランド　（元クリーブランド・インディアンズ遊撃手・監督代行）

1951年レフティ・オドールと日本にいた6週間は私の20年におよぶ野球生活のハイライトだった。彼の監督として、指導者として、野球大使としての能力は誰にもまねができない。この人ほど、大選手一例として挙げればディマジオ兄弟、フェリス・フェイン、ビリー・マーチン、メル・パーネル―から賛美される人にはおめにかかったことがない。彼の記録はすばらしいが、グラウンド外での働きはそれ以上である。レフティ・オドールと殿堂は、コンビーフとキャベツ、レッドビーンズとコメというほどにピッタリくる組み合わせである。（日付なし）

2002年に日本野球殿堂入り

賛同者は月を追うごとに増えていったが、殿堂入りを選考するベテランズ委員会は相変わらずこのキャンペーンには冷淡だった。ウッドヘッドは、その間にオドールよりも実績がないと思われる選手が次々に殿堂入りしていることに業を煮やし、１９９７年には「もはやクーパーズタウンへの敬意の念は消え失せた」と、ついに野球殿堂博物館館長あてに抗議文を送りつけた。

それにしても何十人もの推薦状の門前払いは何とも不可解だった。ところが、２００８年サンフランシスコの市立図書館を訪れたとき、その謎がやっと解けたような気がした。『クロニクル』や『コール・ブレティン』『エグザミナー』など地元日刊紙のマイクロフィルムを見たときのことである。アメリカチームの戦後初の日本遠征は、ニューヨークのヤンキーズ対ドジャーズのサブウェイ・シリーズに沸くワールドシリーズ（10月5日～9日）の記事の陰にすっかり隠れてしまっている。日本からのシールズ遠征情報はパラパラと散見できるくらいで、地元チームの動向なのにまるで関心がないと言わんばかりだ。シールズがいつ日本へ向けて出発し、いつ帰ってきたのか、ベタ記事を見つけるのさえ一苦労だった。

『コール・ブレティン』（11月17日）の報じたオドールの帰国第一声は、球団方針の転換「シールズは大リーグ球団との提携関係を模索する」であり、日本行きとは無縁のものだった。そこに「オドールは月曜深夜帰国した」と書き添えられているだけである。シールズを迎えた日本の興奮振りはサンフランシスコの新聞紙面からは寸毫も感じ取れない。日本ではオドール最大の功績と見なされる49年シールズ訪日にして、シールズの地元サンフランシスコでさえこれである。シールズの日本遠征の日米の受け止め方の落差は明らかだった。

ウッドヘッドらの涙ぐましい努力の一方で2002年、アメリカに先んじて、オドールは「二十一世紀枠」という特別制度ながら日本の野球殿堂入りを果たした。それまでにも日本の「特別表彰委員会」（日本版のベテランズ委員会）の殿堂入りの投票で、オドールに票が入ったことがある（1969年出席委員9名中2票、1979年出席委員11名中1票）。

日本の殿堂入りは遅きに失したとも思えるが、グッドニュースをすぐにウッドヘッドに電話で伝えた。しかし彼の反応は、いま一つだった。複雑な思いは想像できた。1968年30回目と言われるオドールの来日時、2月8日、日米交流の中で知り合った水原茂（元巨人・東映の監督）、小西得郎（50年代松竹ロビンス監督）、藤田信男（元法政大学監督）、鈴木惣太郎（読売巨人軍顧問）、カイザー田中（元阪神監督）、三宅大輔（巨人初代監督）ら旧知の野球関係者を、オドール自身が帝国ホテルのパーティーに招待したのだ。その場で、オドールを日本の野球殿堂へという声が湧き起こった。実はこのとき招待客らは感謝を表すべきは自分たち日本球界であるところを逆にオドールに招待されたことでバツを悪くしていた。このパーティーでオドールはこう口にした。「クーパーズタウンに入るより、日本の野球殿堂入りができれば、はるかに名誉なことである」(『ジャパン・タイムズ』68年2月17日)。

この発言は海の向こうにも知れ渡っていた。この言葉通りだとすれば、日本で野球殿堂に入りさえすれば十分ではないかと勘違いされ、アメリカ野球殿堂入りキャンペーンが終了してしまうとウッドヘッドは日本の殿堂入りを素直に喜べなかったのかもしれない。

オドール没後50年。この間、伊達、藤田、苅田の三氏をはじめオドールのアメリカ野球殿堂入りを願った人たちの多くは他界した。しかし、２０１７年にはデニス・スネリングが著したオドールのあらたな伝記が出版され、また盛り上がりの兆候も見える。あらたな推薦者も加わり、67名に増えた。最近ジョー・ディマジオの伝記を書いたゲイ・タリーズや著名なビジネスマンで慈善家のウォーレン・バフェットも加わった。しかし、ウッドヘッドは立ちはだかる高い壁を感じざるをえない。

「私は82歳になった。去年2月にストローク(脳卒中)をやった。私のキャンペーンは終わった。これ以上私にできることはない。将来、レフティがアメリカ野球殿堂に入る見通しは少しも見えない」(２０１９年1月の筆者宛メール)

名審判の「遺言」——島秀之助

島秀之助を見舞う

1995年は阪神・淡路大震災（1月17日）、続いて地下鉄サリン事件（3月20日）と驚愕する出来事が続いた。野球では日米関係に新たな頁が開かれようとしていた。近鉄に別れを告げた野茂英雄がロサンゼルス・ドジャーズと電撃契約し、日本選手が大リーグでやれるのか、に注目が集まっていた。そのデビューが間近に迫っているときだった。

4月17日、月曜日。その日のことは鮮明に覚えている。記録もつけてある。私は東京・町田市にある大学で、サバティカル（研究休暇）を取る教員の代わりに1年間、「アメリカ文化」を担当する非常勤講師になった。アメリカものなら何をやってもよいと言われ、アメリカ野球文化史を講義することに決めた。

その日が初めての授業だった。十分準備したつもりだったが、いざ家を出るときにはうまく話せるか不安があった。午後の4時間目、文学部の3、4年生が対象である。第1回「イントロダクション」の中で、一人の学生が野茂ドジャーズ入団のニュースを踏まえて、今後の日米の野球関係はどう変わるのかと時宜を得た質問をしてきた。それに答えて、日本野球が大リーグのマイナー化する懸念を伝えると、その学生は困惑した表情を見せた。今になって、大谷翔平らが若くして大リーグに去ったのを見ると、正鵠を射た応答だったのではないかと振り返る。

午後4時、大学をあとにし、町田から小田急線に乗って新宿に出た。電車がえらく時間がかかったように思えた。新宿で都営バスに乗り換え、30分。西落合の小さな病院の前で降りた。

夜の帳が降りようとしている夕刻、すでに人気のない病院の自動ガラス扉は開いたが、非常灯以外はすでに灯は落としてあった。玄関脇に階段があるのがわかり、トントントンと病棟2階に上り、前もって聞いていた「213号室」を見つけ、ノックした。

ドアが開いた。小柄な老人が杖をつきながら病室に招き入れてくれた。いつもの濃紺のダブルの背広にネクタイの見慣れていた定番の服装が、このときはさすがに患者の寝間着姿だった。狭い病室は、入るとすぐ左手にトイレ、その先にベッド。右手にソファとテレビが並んでいる。二人でベッドに腰かけた。プロ野球審判を長年務めた島秀之助が入院したと知って会いにきたのである。

日本プロ野球最初の試合でトップバッター

子どもの頃からパ・リーグばかり見て育った私には、島は、長嶋茂雄がさよならホームランを放ったプロ野球初の天覧試合の球審というくらいの遠い存在でしかなかった。島とはじめて会ったのは、1989年1月27日。野球史家の谷川照夫に連れられ、内幸町の日本野球機構コミッショナー事務局を訪ねたときだった。このとき島は80歳、すでにセ・リーグ審判部長は降りていたが、野球規則委員としての役目は続いていた。

応接室に案内された。島は自身の野球歴を振り返り、「私は『1』という数字に不思議な縁がある」といかにも楽しそうに話した。ダブルの濃紺背広を着こなし、椅子に座っても背筋がピンと伸びて、年齢を感じさせない。昔の野球選手は概して小柄だが、島も例外ではない。現役時でも163センチと野球雑誌に紹介されている。いかにも俊足好打で鳴らしたと思える体つきだった。落ち着いたスムーズな語り口で、ストーリー展開がうまい。しゃべる言葉をそのまま文字に書き起こせば、すぐに原稿になると思ったほどだ。島は、私たち二人の前で野球とともに歩んだ人生を話してくれた。著書二冊『プロ野球審判の目』（岩波書店）と『白球とともに生きて』（ベースボール・マガジン社）が相次いで出版されたばかりで、記憶の整理がついているのだとも思った。

島は1908年6月21日、神戸市生まれ。外国との交流が深い土地柄は野球の歴史も濃い。外国人居留地そばの東遊園地は、当時神戸随一の芝の野球グラウンドで、島はそこでのアメリカ人のプレーを見て育った。

野球は子ども時分からやっておりましてね。神戸、割合ハイカラな町で野球盛んでしたからね。アメリカ人が野球やったり、イギリス人がいろんなことやってました。神戸に東遊園地ていうローン（芝生の土地）がありまして。

外野手の島は神戸市立第一神港商業で二度、甲子園に出場。慶応に進学するつもりでいたところ、終生師と仰ぐ「藤田先生」（同じ兵庫県出身、藤田信男監督）に誘われ、１９２８年法政大学に進んだ。神宮のスターが全国をにぎわせた六大学黄金時代のど真ん中に飛び込んだのだった。島の法政は、ハワイ出身日系二世投手・ボゾ若林忠志や遊撃手・苅田久徳、捕手・倉信雄らを擁した新興勢力として台頭し、早慶明の牙城を打ち崩し、30年秋、悲願の六大学初優勝を手にした。そして32年秋には二度目の優勝を飾った。

神宮の絶頂期を謳歌した島は33年に法政大学を卒業。と同時に逓信省簡易保険局に入る。同局野球部監督兼任選手となり、都市対抗出場を目指したが、神港商業で7年先輩の二出川延明監督に説得され、誕生間もないプロ野球の名古屋金鯱に入団した。

顧みればですね。昭和10年（１９３５年）の暮れに私も金鯱の方から話があって契約したわけなんです。

１９３６年2月5日、丸の内の日本工業倶楽部で、7球団の代表が出席し日本職業野球連盟の発会式が行われ、日本のプロ野球リーグが誕生した。前年に引き続き東京ジャイアンツ（巨人）は第2回の北米遠征を敢行した。その出発前、巨人は創立間もない名古屋金鯱と壮行試合3連戦を戦った。公式戦ではなかったが、これが日本のオーガナイズド・ベースボール（プロ野球リーグ）所属チーム同士の初試合である。

そこで日本職業野球連盟の発会式をやったわけです。そのとき日本にはじめて職業野球の存在をはっきり世間の方が知ったわけです。それから4、5日たって2月9日、10日、11日と、この3日間鳴海球場で1年先に生まれておりました巨人軍がその年第2回目のアメリカ遠征をすると。そのときに巨人の相手をできるチーム、整備されたチームっていうのは金鯱しかなかったんです。阪神、阪急、セネタース、大東京、いろんな球団がありましたがね。まだ人〔選手〕が集まってなくて、金鯱がもう人が大分前にちゃんと集まって、それで巨人と金鯱が日本における職業野球団同士のはじめてのゲームを鳴海球場でやったっていうことなんです。

2月9日、その第1試合1回表、背番号1をつけたトップバッター島は真っ先に名古屋市郊外・鳴海球場のバッターボックスに立った。

青柴〔憲一〕君が第1戦スターティングピッチャーでした。で、私が足が速くて外野手なんですが、トップバッターが多かったですね。法政時代もほとんどトップバッター。そのときも私トップバッター〔に〕なってます。それで愛知県の学務部長が始球式やりまして、青柴君が第1球を投げた。私がそれを狙って打った、ということでね。あとで考えますと一番最初のプロ同士のゲーム、それから青柴投手の投げた第1球を私が打ったというような、イチ、イチが重なるわけなんです。……それからずっと私のプロにおける野球人生が始まるんです。

「延長28回」の球審

監督になるはずだった二出川が審判に転じ、島は監督岡田源三郎を補佐する助監督も兼任することになった。37年秋は盗塁王（22個）に輝いた。しかし肩の故障から外野手としての限界を悟り、選手は2年で終止符を打った。またしても先輩二出川に誘われ、長い審判生活へ踏み出した。1938年のことだった。以来ずっとプロ野球審判を務め、2リーグ分裂の50年にセントラル・リーグ審判部長に。62年までマスクをかぶった。その後も審判部長を80年まで続けた。選手2年、審判部43年。45年間、プロ野球をその誕生から見つめてきたプロ野球史の生き証人であった。

プロ野球リーグ発足後すぐに日本は戦争の時代を迎えた。1937年中国との戦争に突入、その4年後に太平洋戦争が始まった。日本の戦局は見る見るうちに悪化、選手が兵隊に続々ととられ、プロ野球は戦争協力を求められる苦しい時代を迎えた。1940年6月、長野県岡谷での巨人—名古屋オープン戦の試合直前、島に召集令状が届き、そのまま東京・目黒の近衛輜重兵連隊に入営したが、運良く1か月で帰郷し、審判に復帰した。

1942年5月24日、「延長28回」として球史に残る試合の球審を島が務めた。後楽園球場のスコアボードには「進め！一億火の玉だ」と戦意高揚スローガンが大きく描かれていた。大洋—名古屋戦はその日のトリプルヘッダーの第3試合。島は午後2時40分にプレーボールの声を上げげた。大洋は野口二郎、名古屋が西沢道夫の投げ合い。大洋が4－2とリードして迎えた

9回表、2死から名古屋に同点2ランが飛び出し、試合は振り出しに。そこから長い試合が幕を開け、ついに延長戦は28回におよび、午後6時27分、引き分け（4－4）で終了した。両チームの先発はともに一人で投げ抜いた。野口344球、西沢311球。球審島は腰を655回屈めたことになる。

その当時は球団が何球団か東西に分かれて集まって二か所でやったんですね。で、東京の舞台が後楽園、大阪はたしか甲子園だろうと思います。私は東京在住のアンパイヤですから、東京におりましてね、その日は3ゲームあったんです。巨人、セネタース、それから……。4球団集まりましてね、3ゲームやって、私は第1ゲームは塁審をやりました。塁審やって延長10回の延長戦でケリがついたわけです。勝ち抜き試合ですからね。第3ゲームは球審に当たっておりましたから、2番目のゲームは控えでゲームには出ておりませんでしたが、やはり控え室で見ておりました。

それで、それも済んだ。それでいよいよ第3ゲームが始まった。大洋のピッチャーが野口二郎君、名古屋のピッチャーが西沢道夫君。いいゲームでしたよ。で9回表になったんです。4対2で大洋が勝ってたんです。それで〔名古屋が〕ランナーセカンドに置いて、ツーアウトになったわけですね。それで球審やっておりまして、ああもう一つアウトが生まれたらこのゲームも終わるんだなと、フッとそういうことが頭に浮かびましたよ。で、すぐね、そんな余計なこと考えたらダメだという声がどっかから聞こえてきたわけですね。

私自身、そんなこと考えたらいけない、とにかく誠心誠意やるべきだ。そうしたらツーアウトでランナーセカンドで、野口投手の投げた絶好球でしたね。それを古川清蔵君ていう、のちに阪急へ行きましたけど、その人がキャッチャーでしたかね、強打者で。レフトスタンドへホームランを打ち込んだんです。あっという間に4対4の同点に。それから延長戦が始まったわけですね。それからも両方のピッチャーがよかったですね、野口君も西沢君もね。疲れが出て途中でへばるどころか回を重ねるごとに、ますます両投手の投球が冴えわたりましてね、あんまり相手方に打たせないんです。ランナーが出ても抑える。

それで25回が済んで26回が始まったんです。スコアボードにね、26も〔数字の0を〕並べられませんからね、今度は二段にしてね、ずうっと並べたんです。私、構えておりますとセンターの後方にスコアボードがありますから、真正面ですからね。ああ、もう10何回まで進んだんだなあ、20回まで進んだんだなあていうことはわかってた。もうそれから目に入らなかったですよ。とにかく選手が一生懸命がんばってる。で、26回のときにですね、アナウンスがあったそうです。ただいま26回が済みました。アメリカ大リーグの延長記録と並びましたっていうことを言ったそうです。それは私の耳には入らなかったんです。それで26回済んだ、今度は27回だと。また27回が済んだときアナウンスした。これでアメリカの延長記録を破って世界記録ですということを放送したんだそうですがね、私は、それ

〔も〕、耳に入らなかったです。

それで28回やった。ここも得点なくて、私は30回まで、あるいはそれ以上まで続くだろうなと思って、もちろんちゃんとやるつもりでおったんです。そうしたらバットボーイが連盟本部から何か言いつかって私のとこへ紙を持ってきたんです。紙を見ますと、もう28回済んだから、これで打ち切ってくれって言うんですよ。冗談言うな、まだ明るいじゃないかって〔思いました〕。夕方でしたがね。そしたら春のシーズンが最終日でもあり、表彰式があるからここで打ち切りなさいという伝言が。それでしょうがないから両方の監督呼んで、これで打ち切るよ、と。〔両監督は〕わかりましたと。それで28回延長試合やりましてね、引き分けで終わったんです。所要時間ね、ご存知だろうと思うんですが、なんと3時間47分でしたね。だから今の1ゲーム分でね。

谷川が「まだしよう思ったらできましたか」と聞くと、「できました。まだ2、3回やれたと思います」

当日は春季リーグの最終日。引き分けを宣した当の島が機会あるごとに試合終了は表彰式を控えた連盟の指示によるものと何度も証言したり、書いているにもかかわらず、いまだに延長28回は「日没引き分け」がまかり通っているのはどうしたことだ。たとえば、2017年8月12日、NHKが制作放送した野口4兄弟物語『1942年のプレーボール』でも、延長28イニング試合は「日没引き分け」とした。島が聞けば、「アウト!」を宣告するだろう。試合の翌朝の『読売新聞』に戦評を担当した鈴木惣太郎が「日没引き分け」と書いていることが理由なのかもしれない。

この最長記録試合に関して島は別の機会に、こんなエピソードも教えてくれた。島が引き分けを宣したその時、ネット裏から"Why?"の大きな声が飛んだ。振り返ると一人の白人青年が球史に残る熱戦をなぜここで止めてしまうんだとばかりに、肩をすくませるポーズを取ったという。アメリカ人だろうが、陽はまだ高い、しかも敢闘を要求されている戦時中の野球に引き分けなんてあるのか、ということだったのだろう。

「敵性語」を言い換える

戦争中にね、軍部の方から呼び出しがよくあったようです。当時は日本野球連盟1リーグですがね。そいでリーグの会長がよく呼ばれて陸軍の方へ行ったことがちょくちょくあったようですよ。……戦争中われわれは産業戦士慰問だとか、それから徴用逃れでもないですが自発的に軍需工場行ってね、いろいろお手助けしたり、プロ野球としてはできることはいろんなことやったんです。飛行機献納試合、そういったこともやりましたね。われわれもただ毎日野球やってるだけじゃないんだと。銃後にあってね、戦争遂行のためにね、われわれも産業戦士慰問だとか献金試合だとか、いろんなことやってわれわれも頑張っているんだから、と。……プロ野球としてもね、国のためにできることは随分したんです。

そのうちにね、(野球は) 敵性スポーツであると、それからストライク、ボールていうことは敵性語であるというようなことを軍部の方から声が出だしたんですよ。だけど当時国民の娯楽というとプロ野球しかなかったんです。中等野球も六大学も一時休止しましたから。

敵性スポーツとされた野球。プロ野球は1943年3月、英語の野球用語の日本語化を決定した。審判は、セーフを「よし」、アウトを「ひけ」、ストライクを「よし」、ボールを「ひとつ」、ファールを「もとい」、タイムを「停止」などと言い換えた。

敵性語であるからストライク、ボールはいけないなんていうのは、これはおかしな話で、明治5年に日本へ野球が渡来してきて以来ずっとやってる言葉なんです。だからこれはね、英語でもあるかもわからないけど、これは日本語化された野球用語である、というので、もうはじめそんなこと(日本語化) 考えなかったんですから。ところがね、連盟内部で、やっぱり時流に沿うために日本語で「よし1本」とかね、「ひけ」とか、日本語の宣告もね、考えるべきではないかという話がでた。リーグの方の内部で起きあがった話で、聞くところによると六大学でもそういう日本語でやるっていうこともチラッと聞いたし、プロもじゃそれ、時流に乗る意味で、あるいはプロ野球をなんとかどんな形でもいいから残すためにね、軍部にへつらうわけじゃないけどひとつやろうということで、みなさんで考えてストライクのことを「よし1本」ですね。ボールが来たら、はじめのボールだったら何も言わないで、いきなり「ひとつ」ていうとボールワンのこと。それとかバッターが一塁へ行ってアウトになると、「ひけ」なんです。セーフのときは「よーし」ね。それからファールボール打ったら、腕を上げて、「もといっ」ちうんです。ハッハハハ。

そういう通達がリーグの方から正式にね、われわれにもありましたね、審判部。ああこらもう英語使えないんだよ、日本語でやるなんてことを、ね。自分で夜なんか暗いとこで、あまり人気のないところで、「よし1本」って、発声の練習しましたよ。今まで言ったことないですから。それでまあどうにか、ゲームのときに、ぼくも球審のときが割合多かったもんですから、「よし1本」やりましたよ。

〔日系〕二世〔の選手〕がおりましたね。その当時二世が日本語がよくわからないんですよ。それで、ぼくが塁審してますとね、ランナーに出たら、「ちょっとちょっと島さん、ちょっと」言うから、どうしたの言うたら、「タイムのことを日本語でどう言うの?」なんて言うでしょ。「あ、そうか、タイムは停止だよ」言うたら、「その停止願います」とかね。そんなこともあった。

日本シリーズ第1戦で球審
戦後1950年、2リーグ分裂にともない島はセ・リーグ審判部長に就任した。初の日本シリーズ（当時は日本ワールドシリーズ）第1戦（11月22日）神宮球場。パ・リーグ優勝の毎日オリオンズがレギュラーシーズンわずか4勝の42歳の若林忠志投手を先発のマウンドに上げる意表を衝く作戦で、セ・リーグの松竹ロビンスを下した（3－2）。島は法政大時代の旧友若林のピッチングを、マスク越しに見てストライク、ボールをコールしたのである。毎日は松竹ロビンスをシリーズ4勝2敗で勝ち取る日本一への好スタートを切った。

25年にはじめての日本シリーズ、そのときに一番はじめのゲームやりましたね、私が。私が1〔第1戦〕、3、5やりまして、二出川さんが2、4、6やって。その当時はね、日本一を決める大事な試合だから島、二出川の二人で球審を交互にやってくれっていう要請が両リーグから出ましてね。ま、しょうがないなと思いましてね。それで二人で交互にやりましたよ。

51年7月4日、甲子園は日本初のオールスターゲーム第1戦、この試合の球審も島が務めた。オールスターゲームは〔第1回日本シリーズの〕翌年から始まりましてね。また第1戦ぼくやりましてね。もう1ばっかりつくんですね。これ、あとで考えて1になんか縁があるのかなと思いましてね。

天覧試合は「最高の思い出」

島が「最高の思い出」と後々まで語り続けたのは59年6月25日の後楽園球場。プロ野球初の天覧試合、阪神タイガース—読売ジャイアンツ戦である。

天覧試合は後にも先にも1回ですからね（プロでは日米野球であと1回ある）。ほんとに運が良かったんですよね。あのときもね、私じゃなかったんですよね、球審はね。私が2節分ずつぐらい、2週間分ぐらい、審判の割当てをつくりましてね、会長（鈴木龍二）に見せるんです。審判部ってのは会長直属ですから。で会長にお見せして、会長が一応目をとおして、よければそれを印刷してみんなに渡すんです。あの天覧試合のときもみんなに渡したあとで、〔球審は〕ほかの人だったんですよ。たまたまゲームがあって、中日―巨人のゲームで名古屋行きましたときに、会長から呼ばれまして、実は島君、こんど天皇陛下、皇后陛下がおいでになる天覧試合があること決定したんで、それで割当表見たらその日、君、塁審だねって言うんです。あ、そうですか、塁審ですかって言ったら、ああそうだよって。君、球審やりたまえちうんですよ。だけどぼく以外に立派に球審やれる人が古い中に何人かおると思いますから、それでいいじゃないでしょうかてぼく話したんです。いや、そらダメだ、と。君がやれ、命令だって言うんですよ。そうですか、命令じゃやりましょう、と。それで急遽変えたわけなんです。それで考えましてね、天覧試合でもあるし、これはじめてのことで、あとで（再び）こういったことがあるかどうか、これもわからない。天覧試合でもあるし、その当時の東京に審判が10人少しおった思うんですが、ベスト6でいくのが礼儀だと思いましてね、あと古い連中全部塁審にしましてね。

試合開始前、島たち審判と監督、コーチ、選手全員がホームプレートを中心に整列した。

ホームを挟んで、審判6人。私が真ん中におって、巨人軍が一塁側、三塁が阪神。それから私が号令かけたわけですよ。一歩前に出まして、「両陛下に対し最敬礼」。最敬礼ていうのは普通の礼じゃないですよ。頭を深く下ろすわけですね。で、「最敬礼」。しばらく頭を下げて、「直れ」っていう号令でこうなるんですね（頭を起こす）。それを知らない選手が何人かおるんですよ。それでね、号令かけて私も最敬礼してヒョッと見たらね、ペコンと頭下げてフッと上げたのが何人かおるんですよ。こらあ最敬礼がどういうもんか知らないなと思って。これ無理もないんです。

それでプレーボールかけるためには天皇陛下に、両陛下にお尻向けるよりしょうがないですからね、向こう向いてやるんですから。それで、ま、プレーボールかけた。もうあとなんにも陛下のこと忘れてしまいましたよ。私たちね、グラウンドに立って、プレーボールかけると、そしたらほんとどういうんでしょうかね、無我の境ですよね。誰がどこで見てるとか、そんなこと考えないです。そんな余裕がないですよね。ただピッチャーの投げる球、ストライクゾーンに来るか、はずれるか、ファールボールであるか、変な音がして、それがデッドボールであるか、もうそれだけですもんね。それで、こんないいゲームだったでしょ。ね、ホームランが出て、最後にまたとどめのホームランで。

逆転、逆転の熱戦にピリオドを打ったのは、9回裏、長嶋茂雄のレフトスタンドへの劇的さよならホームランだった。打たれた阪神の村山実投手は、長嶋の打球はファールと生涯言い張った。島は明快だ。

文句なしのホームランでしたよ。失礼ですよね、そういうこと言うのは。外野に審判立ってんですよ。三塁にも審判おるのにですよ。球審が私、〔外野まで〕遠いけど思ったんですよ。私が、〔長嶋が〕打ったときにパッとマスクとって、外野の審判が何かやるんですからね。ホームランがこれ（右手を上げて、回す）、ファールならこれ（両手を開いて上げる）。そっと見て〔いて〕、完全に入ったなと思ったんですよ。完全に入ってんですよ。ポールのとこ、文句なしに中段に入りました。それで念のために、それをジャッジするのはレフトの外野の審判ですから。〔その線審が〕大きく手を振って、やっぱりホームラン！

インタビューに同席した野球史家の谷川は、大阪の阪神球団事務所で天覧試合当日の村山の捕手だった山本哲也に数日前に会ったばかりだった。「最後のホームランのことお聞きしたら、山本さんは、あれは完全に入っておりました、と」

いつも冷静な島だが、村山の判定へのたびたびの「ファール発言」に憤慨している。

村山君もね、知っててそんなこと言ってんですよ。あれをね、ムキになってファールボールだなんて言ったら笑われますよ。


冷静・頑健を求められ、負傷も病気もしない

島はプロ野球リーグ創立３年目、１９３８年４月29日から１９６２年10月４日まで、審判としての出場試合は公式戦2605試合、オールスターや日本シリーズ、日米野球などを合わせると3000試合を数える。

その間には、抗議の監督に突き飛ばされたり、判定をめぐって紛糾しノーゲームになった不手際として連盟から罰金を課されたりしたこともある。「試練」と本人は呼ぶ。

審判はゲームのもっとも重要な仕事、一瞬たりとも気を抜けない。できて当たり前、賞賛されることはまったくない。「審判の仕事は、難しい上に割の悪いものである」(『プロ野球審判の眼』)。強い信念をもって判定をくだす。審判技術と心構えは長年の努力と研鑽で身につけた賜物である。どんなときも冷静であり、頑健さを要求され、負傷も病気もしない。人の何倍も努力を続けた。

それだからこそ島は限界を感じ、ユニフォームを脱ぐ決心をしたが、連盟会長のたってのたのみで1980年までセ・リーグ審判部長を続けた。審判をやめても、その後も規則委員として83歳まで日本野球機構で働いた。下田武三コミッショナーの指示で全国の主要120球場の施設を調査したこともある。各地の市や町の球場担当者は熱心に国際基準に向けた球場整備に取り組んだが、「プロは意欲がない」と島は嘆いた。東京ドームについても、両翼のラインの長さ、センターへの距離は基準を満たしているが、左中間、右中間(これに基準は設けられていない)は短すぎると指摘した。「神戸のグリーンスタジアム(現・ほっともっとフィールド神戸)に比べると、東京ドームの左中間、右中間はそれぞれ7メートルも短い。球場が狭いと外野手の守備（肩・足）に進歩がない。みずからの経験からそう話した。

その後も野球体育博物館（現・野球殿堂博物館）で、島とは何度も顔を合わせた。１９９２年1月28日のことだった。翌日には殿堂入りの選考委員による特別表彰委員会が予定されていたこともあり、委員を含めた野球関係者が集まって雑談をしていた。伊達正男や千葉茂ら、かつての豪傑が少年のようにはしゃいでいた。島もそこにいたが、島だけは会話を合わせていたものの、一人もの静かな態度を崩さなかった。一言でいえば、いわゆる「堅い」イメージで見られがちだった。

野球殿堂入りが決まり、喜びを語る島秀之助。1989年1月20日（スポーツニッポン新聞社／毎日新聞社）

プロ野球がスタートしたとき金鯱のチームメイト、戦後はセ・リーグ審判としての同僚、内藤幸三からも金鯱会という戦後毎年催した親睦旅行についてこんな話が聞けた。「島さんもこの金鯱会旅行にはね、はじめよく来てたわけです。だけど体の調子もあれだろうし、それからあの人、ちょっと堅苦しいところがあるもんだから、無理に誘ってもってんで、都合よかったら来てくださいってことにしてたら、とうとうそれから来なくなっちゃって」

審判のとき、濃紺ずくめの審判服にアウトサイドプロテクターを使いこなした。そこに審判の威厳を持たせていたが、心の内にも、いつも審判服とアウトサイドプロテクターをつけていたように感じられた。その反面、話を聞くうちに、審判の信条とする「審判員は常に控え目な態度をとり、謙虚な気持ちでいるべき」という人としての誠実さそのものだったようにも感じられた。

あるとき、野球体育博物館からの帰りにJR水道橋駅から中央線に一緒に乗ったことがあった。車中は混んでいて立ち話だったが、審判のときは車を自ら運転して球場に通っていたと聞いて意外に思った。島がさっそうとハンドルを握る姿はとても想像できなかった。何事にも慎重な島なら、もし事故に巻き込まれ、試合に支障を来してはならないと第一に考え、電車通勤か他の誰かに運転してもらっていたとばかり思い込んでいたからだ。それが自動車を運転して、しかも試合後は同僚審判を乗せ、一人ずつ家に送り届けていたという。審判には審判のチームワークがあるのだろう。

「ゲームセット!」

病室の島はオールバックの髪をなでつけた。寝ていたので乱れてはいるが、それを人前では見せてはいけないというように。

「ストライクー」と1球ごとに右手を力強く伸ばし右親指を立てるので、背骨が湾曲したという。レントゲンを撮ると、背骨の一つひとつが複雑骨折を起こしていた。ギクッと右腰が痛むときがあり、脚は痛みがあって歩けない。いくつかの病院を回ったと話した。

そう話す島のベッドの傍らには杖が立てかけられていた。

1939年秋、甲子園球場でのダブルヘッダー第2試合、阪急—南海戦、三塁塁審の島にイレギュラーの猛烈なゴロが飛んで来た。打球は左脚ふくらはぎを痛撃した。血管破裂による内出血で手術を受け、3か月休んだ。このケガの後遺症もあり、召集されても1か月で除隊した。戦後、北海道へ帯同遠征した際、函館で、またしてもイレギュラーバウンドの打球が同じ部位を直撃した。そのとき、宿舎だった旅館の人に、誰も取りに来ない忘れ物のステッキをもらって東京に帰った。その杖を長年、自宅で庭木を剪定するとき手の届かない枝を引き寄せるのに使っていた。その杖の先端の金属を近くの傘屋で平らにしてもらって、そこにゴム足がはめてある。

私が病院を訪ねた1995年は神戸の震災で始まった年だった。その朝、トイレに目覚めた島はなにげなくテレビをつけると故郷の惨状が映った。

神戸が、でしょ。自分の知ってる長田区がひどく、北野町に引っ越したんでよく知っている風見鶏のとこも。

そしてこの年は戦後50年に当たった。その前年から島への取材が相次いだ。プロ野球の歴史をリーグ発足から語れる元選手は年々少なくなっていたからだ。

戦争で亡くなった人や、その遺族のことを思うと、いいかげんなことを言う人がいるので、正確なことを後世に遺さないかんという義務がある。

妻を亡くし、一人暮らしの島は、取材はもっぱら野球体育博物館で受けることにしていた。だが、足の故障で出かけられず、その日のテレビ取材だけは自宅に来てもらうことにしたという。地方のテレビ局から4、5人が機材を持って家にやってきた。「こういうのはひとつに3、4時間かかる。無理をした」

野球史を知ってる者が正しい歴史を伝えなければならないと、ふだんはいやな顔ひとつ見せなかった島が「これが堪えた」とはじめて弱音を吐いた。「傾いていく国情のなかで職業野球が、如何にして踏みとどまろうとしたかを、知って置いていただきたいからである」（『白球とともに生きて』）。そういう思いを伝えたかったのだろう。

すでに8時の面会時間終了の病棟アナウンスからしばらくたっていた。病室の島はいつもにもました真剣な眼差しをして、「明治の男ですから、必ずカムバックします」と何度も繰り返した。寝間着姿だが、正面を見つめて話し出すと、キリリとして少しも遊びのない審判の顔を見せた。「きっとよくなります」と言いながら、杖をつきながらも病室のドアまで送ってくれた。

病室にいたのは小1時間だった。島はもっと話したそうに思えて、帰り時を迷った。「明治の男ですから、きっとよくなりますから」という別れの言葉は力強かったが、その姿に寂しさが隠れていた。しかし、続く「やり残したことはない。明治の男ですから後悔はしていない」という言葉は、自分に言い聞かせているようでもあった。

それからまもなく島は退院したと聞いたが、快復したようではなかった。一人暮らしのところに訪ねて行ってもよいのかと迷いながら、8月終わりに一度電話したきりだった。
その年、12月25日、島は自宅で亡くなった。87歳だった。葬儀は近くの斎場で営まれた。名審判の死を伝える記事は新聞に大きく載ったが、参列者は少なく、法政大学野球部員以外の若い人の姿はなかった。出棺を前に、後輩に当たるセ・リーグ審判部長が棺の前に出て、右手を高く上げ、「ゲームセット!」を宣した。棺を見送ったあと顔見知りの人たちと帰り道に喫茶店に寄った。外に出ると、冷たい風に、思わず震えた。

(インタビュー　島秀之助　1989年1月27日、1995年4月17日など)

資料及び主要参考文献

日本初の野球リーグ、日本初の有料試合

『国民新聞』『時事新報』『中央新聞』『東京朝日新聞』『東京日日新聞』『東京二六新聞』『東京毎日新聞』『日本』『毎日電報』『報知新聞』『やまと新聞』『横浜貿易新報』『読売新聞』『萬朝報』*Japan Weekly Mail, Hawaiian Star, Pacific Commercial Advertiser*

ＳＭ生「島国的根性を排す」『運動之友』１９０７年（2巻10号）、38頁

学習院野球部百年史編集委員会編『学習院野球部百年史』学習院野球部百年史刊行会、１９９５年

記者「野球同盟組合の成立」『運動之友』１９０７年（2巻10号）、８頁

狂球子「通信　横浜商業学校野球部」『運動之友』１９０８年（3巻1号）、46－47頁

功力靖雄『明治野球史』逍遥書院、１９６９年

慶応義塾体育会野球部史編纂委員会編『慶応義塾野球部史』慶応義塾体育会野球部、１９６０年

小玉順三編『横浜と野球　Ｙ校の明治・大正・昭和戦前期野球史』小玉順三、１９８７年

小鰐生「振興時代の早稲田大学野球部」『運動之友』１９０７年（2巻8号）、８－16頁

庄野義信編『六大学野球全集　上』改造社、１９３１年

「セント、ルイス対横浜外人倶楽部」『運動之友』１９０８年（3巻2号）、26－30頁

「第一回早大対アメーチュア倶楽部（九月十八日）」『運動之友』１９０７年（2巻10号）、18－35頁

「第一回早稲田対学習院」『運動之友』１９０７年（2巻12号）、41－47頁

「第三回早大対学習院試合（十一月三十一日）」『運動之友』（3巻2号）、28－30頁

飛田穂洲編『早稲田大学野球部史』稲門倶楽部、１９２５年

南音子「早大対横浜商業（九月二十四日）」『運動之友』１９０７年（2巻10号）、13－18頁
「入場料の意義」『月刊ベースボール』１９０９年6月、１－２頁
牧田清之助「球界私言」『運動世界』１９０８年4月、35－40頁
『野球年報』１９０８年
山本邦夫、棚田真輔『居留外国人による横浜スポーツ草創史』道和書院、１９７７年
遊生「米国独立祭の戦」『運動之友』１９０７年（2巻7号）、52－54頁
横田順彌『嗚呼!!明治の日本野球』平凡社、２００６年
――『早慶戦の謎』ベースボール・マガジン社、１９９１年
渡辺融「明治期の横浜における外国人スポーツ・クラブの活動と日本のスポーツ」『体育学紀要』１９７６年3月、１－33頁
Galbraith, Mike. "Celebrating a Historic Knock : 100 Years Not Out in Yaguchidai." *YC&AC Connect* (June 2014) : 9 -11

日系チーム来日第1号――布哇中学母国見学団とアンディ山城

『日布時事』『布哇報知』『伊勢新聞』『大阪毎日新聞』『九州日日新聞』『九州日報』『京都日出新聞』『芸備日日新聞』『時事新報』『中国新聞』『東京朝日新聞』『東京日日新聞』『日本』『福岡日日新聞』『読売新聞』『萬朝報』*Pacific Commercial Advertiser, Honolulu Advertiser, Hawaiian Star, Honolulu Star-Bulletin, Japan Times, Los Angeles Times.*
イチオカ、ユウジ（ゴードン・H・チャン、東栄一郎編、関元訳）『抑留まで 戦間期の在米日系人』彩流社、２０１３年
後藤鎮平『野球壱百年記念布哇邦人野球史』野球壱百年祭布哇邦人野球史出版会、１９４０年

濃人鍬一『母国を訪れて』１９３４年
橋戸信「球界元老の見た来朝三大チーム評」『野球界』１９２６年11月、92－95頁
「布哇中学選手来る」『野球界』１９１３年８月、71－72頁
「布哇中学の来襲」『野球年報』１９１３年４月、１６８－１７２頁
「布哇中学敗る」『野球界』１９１３年10月、１２２頁
広島県立国泰寺高等学校百年史編集委員会編『広島一中国泰寺高百年史』母校創立百周年記念事業会、１９７７年
物部ひろみ「戦間期ハワイにおける日系二世女子教育——日本語学校から料理講習会まで」『立命館言語文化研究』２００８年９月、１８７－１９９頁
『野球年報』１９１４年
山城正義「母国へ遠征しての感想」『野球界』１９２６年12月、12－13頁
龍谷大学付属平安高等学校野球部史編集委員会編『平安野球部１００年史』平安学園、２００８年
Franks, Joel S. *The Hawaiian Travelers*. Jefferson, NC: McFarland, 2012.
Reach Official American League Guide. 1918-1920.

２つの北米インディアン・チームの来日

『大北日報』『大陸日報』『日米』『羅府新報』『いはらき』『大阪毎日新聞』『京都日出新聞』『神戸新聞』『神戸又新日報』『国民新聞』『信濃毎日新聞』『下野新聞』『中央新聞』『東京朝日新聞』『東京日日新聞』『新潟新聞』『福島民報』『都新聞』『やまと新聞』『読売新聞』*Los Angeles Times*, *Riverside Daily Press*, *Riverside Independent Enterprise*, *Seattle Daily Times*, *Seattle Post-Intelligencer*, *Tacoma News Tribune*, *Japan Advertiser*, *Japan Times and Mail*.

赤堀最編『南加日本人野球史』１９５６年
朝日新聞社編『運動年鑑 大正11年度』朝日新聞社、１９２２年
阿部光博『水戸商野球の百年』茨城県立水戸商業高等学校、２００５年
大島隆雄『講道館柔道対プロレス初対決　大正十年サンテル事件』島津書房、２００６年
税所篤義「米国に於ける有色人種野球団」『武侠世界』１９２１年６月、38－39頁
佐藤光房『もうひとつのプロ野球』朝日新聞社、１９８６年
「シヤアマン、インデイアン戦」『運動界』１９２５年12月、１４３－１４６頁
飛田穂洲『早稲田大学野球部史』、稲門倶楽部、１９２５年
――「大正十年球感」『運動界』１９２２年１月、12－19頁
――「今秋野球界の壮観」『中央公論』１９２１年11月、１１５－１２７頁
永田陽一「シャーマン・インディアンズ来日記」『野球雲』２０１４年11月、38－41頁
横井鶴城「試合過多症の前後策を講ず」『野球界』１９２１年12月、２－７頁
竜ヶ崎写真集刊行委員会『写真集龍ヶ崎　ふるさとの今と昔』竜ヶ崎青年会議所、１９８１年
Ritter, S. Lawrence. *The Glory of Their Times*. New York: Macmillan, 1966.
Sheppard, Derek. "Suquamish Baseball : A Team of Their Own." *Kitsap Sun*(April 6, 2008).
Sherman Bulletin, May 22, 1918; May 29, 1919.

1番ショート、ハーバート・ノーマン

Howard and Gwen Norman Papers, Rare Books and Special Collections, UBC Library.
Japan Advertiser, Japan Chronicle, Japan Times and Mail, Osaka Mainichi
大窪愿二「覚書きハーバート・ノーマンの生涯」『ハーバート・ノーマン全集 第四巻』岩波書店、

1978年、551-600頁
大澤輝嘉「新田運動場」『三田評論』2014年1月、38-41頁
工藤美代子『スパイと言われた外交官　ハーバート・ノーマンの生涯』筑摩書房、2007年
高嶋幸世『ノーマン家とライシャワー家　日本と北米の関係構築にはたした役割』シーズ・プランニング、2016年
棚田眞輔『神戸の野球史（黎明記）』六甲出版、1980年
中野利子『外交官E・H・ノーマン　その栄光と屈辱の日々1909-1957』新潮社、2001年
ライシャワー、エドウィン・O（徳岡孝夫訳）『ライシャワー自伝』文藝春秋、1987年
The Students of the Canadian Academy, *1926 Red and Grey: School Annual for the Year 1926*. Kobe: Japan Chronicle Press, 1926.

SPレコードで聴く早慶戦

『朝日新聞』1934年6月10日、1999年2月6日
秋田實『秋田實名作漫才選集2』日本実業出版社、1973年
アナログルネッサンスクラブ『図書館できけるSPレコード（歴史的音源）総覧第1部』アナログ・ルネッサンス・クラブ、2012年
――『図書館できけるSPレコード（歴史的音源）総覧第2部　上下』アナログ・ルネッサンス・クラブ、2013年
尾嶋義之『志村正順のラジオ・デイズ』洋泉社、1998年
北落慶一『山下実氏追慕　オールドファンの感慨』山下初子、1995年
小林利行「戦前の『講談調』野球実況はなぜ人気となったのか」『放送研究と調査』2018年4月、

44－56頁
昭和館監修『SPレコード60,000曲総目録』アテネ書房、2003年
竹山昭子『ラジオの時代』世界思想社、2002年
橋本一夫『日本スポーツ放送史』大修館書店、1992年
松内則三「スポーツ放送の草分け時代」『言語生活』1969年10月、88－95頁
――「早慶戦アナウンス物語」『野球界』1930年臨時増刊、62－63頁
――「早慶野球放送失敗記録」『中央公論』1932年6月、358－363頁
南利明「早慶戦と松内則三（1）～（4）」『NHK文研月報』1982年11月、62－73頁：12月、41－44頁：1983年2月、53－58頁：3月、57－62頁
レコード世界社編『レコード音楽技芸家銘鑑』レコード世界社、1940年
「野球放送 早慶大決勝記」『文藝春秋オール読物号』1931年8月、470－501頁

ベーブ・ルースは、なぜ甲子園でホームランを打てなかったのか

『大阪朝日新聞』『大阪時事新報』『大阪毎日新聞』『九州日報』『神戸新聞』『神戸又新日報』『週刊職業野球』『新愛知』『名古屋新聞』『都新聞』『読売新聞』*Osaka Mainichi*, *Japan Chronicle*, *Japan Times and Mail*
江藤震一「少年野球の大殿堂甲子園球場物語」『野球少年』1949年8月、26－29頁
「ことしの〝選抜野球〟座談会」『サンデー毎日』1934年3月25日、6－7頁
沢柳政義『野球場大事典』大空社、1990年
『週刊職業野球』1950年12月2日
鈴木惣太郎『日本プロ野球外史 巨人軍誕生の軌跡』ベースボール・マガジン社、1976年

――「日本野球史21」『野球日本』１９５０年8月、90－93頁
玉置通夫『甲子園球場物語』文藝春秋、２００４年
千葉功「いにしえの甲子園球場『強打者列伝』」『球場物語１９３４－２０１４』ベースボール・マガジン社、２０１４年、56－57頁
永田陽一『ベースボールの社会史　ジミー堀尾と日米野球』東方出版、１９９４年
南部正広「本塁打からひも解く戦前の関西職業野球の世界」『野球雲』２０１４年3月、20－27頁
毎日新聞社『選抜高校野球三十五年史』毎日新聞社、１９６４年
――『選抜高等学校野球大会40年史』毎日新聞社、１９６８年
Lowry, Philip J. *Green Cathedrals*. New York: Walker, 2006.
その他、『ベースボールニウス』『野球界』を参考にした。

顔写真のない男、カウボーイ長谷川重一

『布哇報知』『日布時事』『読売新聞』『野球界』*Honolulu Star-Bulletin*, *Honolulu Advertiser*
永田陽一『日系人戦時収容所のベースボール　ハーブ栗間の輝いた日々』刀水書房、２０１８年
――『ベースボールの社会史　ジミー堀尾と日米野球』東方出版、１９９４年
タカキ、ロナルド（富田虎男、白井洋子訳）『パウ・ハナ　ハワイ移民の社会史』刀水書房、１９８６年

「野球親善大使」をクーパーズタウンへ！

『朝日新聞』『毎日新聞』『読売新聞』、*Japan Times*, *The Mainichi*, *Nippon Times*, *San Francisco Call Bulletin*, *San Francisco Chronicle*, *San Francisco Examiner*

「座談会シールズを語る」『ホームラン』１９４９年9月、14－29頁
鈴木惣太郎「巨人軍渡米とオドゥールさん」『読売スポーツ』１９５３年新春特別号、38－43頁
――「サンフランシスコ・シールズ監督オドールの横顔」『野球日本』１９４９年９月、20－23頁
――「シールズ物語」『近代野球』１９４９年11月、48－53頁
――「マイナーア・リーグ随一の名監督　フランク・オドゥール」『野球時代』１９４９年5月、46－49頁
永田陽一『東京ジャイアンツ北米大陸遠征記』東方出版、２００７年
新田恭一「サンフランシスコ・シールズは何を教えていったか」『野球日本』１９５０年新年号、28－31頁
三宅大輔「レフティ・オドールの打撃法」『ベースボールニュース』１９４９年8月、20－24頁
Snelling, Dennis. *Lefty O'Doul: Baseball's Forgotten Ambassador*. Lincoln, NE: University of Nebraska Press, 2017.

名審判の「遺言」――島秀之助

島秀之助『プロ野球審判の眼』岩波書店、１９８６年
――『白球とともに生きて　ある審判員の野球昭和史』ベースボール・マガジン社、１９８８年

あとがき

1870年代に日本に伝えられてからの野球の歴史を歩いてみると、いくつもの興味深いテーマに遭遇する。一つひとつを知りたい思いに駆られて足を踏み入れる。当初は、そのうち20ほどを選び短篇に書き揃える心積もりでいた。しかし、題材は湧き水のように止めどなく溢れ出て、その数は膨れ上がる一方である。

複数のテーマをそれぞれ短篇として一冊の本にすればという考えはとてつもなく甘かった。雑誌の原稿なら一つひとつ仕上げていけばよい。しかし、短篇集となると、そのすべてのリサーチを同時並行的に進め、原稿にしていくことは、予想以上に困難だった。今回は、9篇のラインナップを収めることにしたが、リサーチを続けることで、これまでの野球史の定説を覆すに至ったものもある。

日本野球は人気のプロ野球や大学野球、高校野球に光が当たりがちだが、そればかりではなかったことに気づかされる。たとえば、スークアミッシュ・インディアン野球チームの北関東や新潟、福島への訪問が地元でどれほど歓迎されたことか、その試合が地元にどんな意味をもたらしたのか。そこで日本の野球ファンの層の厚さと広さをあらためて知らされた。

さらには在留外国人の野球や外国からの来訪チームとの試合など海外につながる野球があり、その糸をたどってみることで、はじめて日本野球の全体像にも近づける。来日したハワイの中学チームや北米インディアンチーム等はこれまで語られることもなかったが、これらマイナーと思われるものも含めての日本野球史である。野球の本場アメリカでも野球史の焦点は長年大リーグにのみ当てられてきた。１９７０年代以降、黒人野球や女子の野球、日系などエスニック別の野球、タウンチーム、19世紀の野球など多様な野球の歴史が発掘され、その成果が広く世に問われてきた。野球史研究の裾野の広がりがアメリカの歴史の面白さにもつながっているのである。

20世紀初頭という交通や通信手段が限られた時代でも、野球が海を越えて米国本土やハワイへと広がっていたことにも驚かされる。今後は北米やハワイなど東だけでなく、朝鮮、中国、台湾、フィリピンなど西や南にも目を向けた野球史研究もテーマとなっていくのではないだろうか。

リサーチに関してだが、近年、新聞など資料のデジタル化が目覚ましい。とくに米国では10年前には想像もできなかった勢いで、ネット上に資料が公開されている。デジタル化は、たしかに地理的ハンディの軽減につながり、時間や手間の短縮になっている。しかし、現地の人たちと顔を合わせ、話を聞き、情報を交換し、新たな資料を発見し、というデジタル化と対極の作業も、野球史研究の醍醐味と言えるのではないだろうか。

スークアミッシュ・インディアンの博物館を訪れたときのこと。このチームの日本遠征が部族史上、偉業として伝わっていることを知った。部族博物館と地元の研究者二人がすでに調査に乗り出していたこともわかった。彼らと情報を交換し、同部族ゆかりの地を巡った。日本国内でも、茨城県龍ケ崎市（現在の市の公式表記）を訪ねたとき、市立図書館が閉館中という不運にがっかりしていたところ、たまたま立ち寄った近くの市役所のスポーツ都市推進課で、スークアミッシュ・チームの写真を手に入れられる幸運に恵まれた。スークアミッシュの日本でのチーム写真は、今のところこの一枚しか見つかっていない。

お話をうかがった野球人の遺志を伝える役目も私にはあると思う。本書が、島秀之助さんの野球への思いに応えられたものであることを願うばかりである。

なお、オドールをアメリカ野球殿堂に送るキャンペーンについては、『占領期雑誌資料大系Ⅲ月報3』（岩波書店、2009年2月）に寄稿した「アメリカでは話題にもならなかったシールズ来日」を元に大幅に加筆した。オドールのアメリカ殿堂入りを願う推薦文については、キャンペーン担当者から転載の許可を得た。「2つの北米インディアン・チームの来日」のシャーマン・インディアンズに関しては、野球史誌『野球雲』4号（2014年11月）に掲載した記事「シャーマン・インディアンズ来日記」をベースに、あらたに判明した戦績や試合経過などを追加した。本文の敬称は省略した。

インタビューさせていただいた島秀之助さん、伊達正男さん、苅田久徳さん、藤田信男さん、Shigeichi Cowboy Hasegawa さん、Daniel Woodhead さんをはじめ多くの方々のご協力なしに本書は生まれなかった。脱稿の間際になってから、京浜野球同盟を主唱したマクチェスニーの孫 Michael M. McChesney さんとようやくコンタクトが取れ、写真や情報をいただけたのは奇跡に近い出来事と思う。このようにいくつもの幸運に恵まれ、長年にわたり日本ばかりか、北米やハワイの人々から資料の提供や情報をいただいてきた。みなさんに心からお礼を申し上げる。

Yokohama Country and Athletic Club の Alex Hendy さん。アンディ山城のご家族、その中でも故人となられた Eloise Kurata さん、Andrew Yamashiro さん、Chris Ueno さん。Suquamish Museum の Lydia Sigo さん、Suquamish tribal chairman の Leonard Forsman さん、郷土史家 Gerald Elfendahl さん、作家 Fred Moody さん。龍ケ崎市スポーツ都市推進課の足立典生さん、牧野太郎さん。Sherman Museum の Galen D. Townsend さん、Hattie Kabotie Lomayesva さん。Riverside Public Library の Ruth McCormick さん。神戸の Canadian Academy の Robert Smailes さん。東京のE・H・ノーマン図書館の清水玲子さん。深く感謝します。

次の方々からも貴重な情報やご協力をいただいた。お名前を記して、感謝の言葉に替えたい（敬称略）。亀田重雄、亀田俊雄、堺富士子、沢柳政義、関口貴広、茅根拓、内藤幸三、横木幸

一、Dario J. Lodigiani, James I. Horio, Kikuji Ryugo.

また、前記の図書館や博物館のほか、以下の施設も利用させていただいた。ライブラリアンやキュレーターの方々にお世話になった。お礼を申し上げる。神奈川県立公文書館、神戸市文書館、国立国会図書館、新潟市ほんぽーと中央図書館、ポール・ラッシュ記念館、水戸市立中央図書館、野球殿堂博物館、横浜開港資料館、竜ヶ崎第一高等学校、竜ヶ崎青年会議所、California State Library, Charles E. Young Research Library at the University of California, Los Angeles, Everett Public Library, Hamilton Library at the University of Hawaiʻi, Irving K. Barber Learning Centre at the University of British Columbia, Seattle Public Library, Washington State Library.

本書に登場した野球史家、谷川照夫さんには、野球体育博物館で偶然出会ったことをきっかけに１９９３年に急逝されるまでわずか5年間ではあったが、日本野球史研究の先達として多くのことをお教えいただいた。そして、あつかましく言えば、何よりも気の合う友人として遇してくださったのが忘れられない。ありがとうございました。

また、野球史研究の仲間、北米インディアン・チームの興行師について情報を寄せてくれたRobert K. Fitts さんを始め、Philip Block, Harrington Kit Crissey, Jr., John B. Holway, Gary T. Otake, Ralph Pearce, Bob Timmermann, 羽生孝雄の各氏からは日米のどこかで会うたびに、またメールなどでその都度、難題解明にアシストしてもらったことも記しておきたい。

末尾であるが、東方出版の今東成人さん、北川幸さんに厚くお礼を申し上げる。北川さんは『東京ジャイアンツ北米大陸遠征記』を担当していただいてから12年の間をおいて今回も編集の労を取ってくださった。北川さん流のきびしいご指摘がありがたかった。深謝。

永田陽一

２０１９年11月

■マ行

■ヤ行

■ナ行

■ハ行

■タ行

人名索引

永田陽一（ながた よういち）
1950年福岡生まれ。大阪大学法学部卒業。
ペンシルベニア大学MA（国際関係論）。
SABR（アメリカ野球学会）会員。
主著『ベースボールの社会史 ジミー堀尾と日米野球』東方出版、1994年
『東京ジャイアンツ北米大陸遠征記』東方出版、2007年
『日系人戦時収容所のベースボール ハーブ栗間の輝いた日々』刀水書房、2018年

ベーブ・ルースは、なぜ甲子園でホームランを
打てなかったのか

2019年12月24日 初版第1刷発行

著 者 ── 永田陽一
発行者 ── 稲川博久
発行所 ── 東方出版（株）
〒543-0062 大阪市天王寺区逢阪2-3-2
Tel. 06-6779-9571 Fax. 06-6779-9573
装 幀 ── 森本良成
印刷所 ── 亜細亜印刷（株）

乱丁・落丁はおとりかえいたします。

ISBN978-4-86249-382-8